KB170713

읽으면 돈 버는
MONEY
인문학

읽으면 돈 버는
MONEY
인문학

2022년 8월 2일 초판 1쇄 발행

지 은 이 정병태
이 메 일 jbt6921@hanmail.net
디 자 인 소도구
펴 낸 곳 한덤북스

신고번호 제2009-6호
등록주소 서울시 영등포구 문래동 164, 2동 3803호(문래동3가, 영등포SK리더스뷰)
팩   스 (02) 862-2102

ISBN   979-11-85156-48-4 (03320)
정   가 17,000원

찾았다!
가장 빨리 부자 되는 돈 버는 비밀

읽으면 돈 버는
MONEY
인문학

정병태

세상에서 가장 빠른 부자학 수업
-지금 수업 중!-

한덤북스

또 다른 기회 앞에서
부의 계단 오르기

20년 후,

당신은 했던 일보다 하지 않았던 일로 인해 실망할 것이다.

돛 줄을 풀어라. 안전한 항구를 떠나 항해하라.

당신의 돛에 무역품을 가득 담아라.

탐험하라. 꿈꾸라. 발견하라.

– 마크 트웨인

– 눈이 있는 머니money

부자 아빠는 돈을 중요시 한다.

부자 엄마는 용기 있게 투자를 한다.

그들은 모두 돈 버는 수업을 들었다.

세상에서 가장 빨리 돈 버는 법은 수입의 일부를 규칙적으로 투자하고, 동시에 자산을 불리는 투자 공부를 하는 것이다. 돈도 눈이 있어 돈을 잘 굴리는 사람에게 착 달라붙는다. 이제는 돈이 나를 위해 일하게 만들자.

나는 대학에서 일찍이 금융Money자산관리론을 가르쳤다. 최근에는 미래학의 블록체인과 암호화폐 기술을 가르친다. 이는 가장 똑똑하게 돈 버는 법을 알려주고 부의 미래를 더 풍요롭고 행복하게 잘 준비할 수 있도록 돕기 위함이다.

한번은 내가 진행하는 〈머니 인문학〉 수업에 100억 매출 기업 대표가 참석했다. 그는 '돈'과 '부'에 관한 세 시간의 긴 경제학 강의를 듣고는 이 수업을 좀 더 일찍 들었더라면 1,000억 매출은 능히 가능했겠다며 아쉬워했다.

실로 오늘도 자산 불리는 법을 몰라 많은 사람이 돈 걱정으로 잠 못 드는 밤을 보낸다. 또 어떤 이는 돈을 벌기 위해 엄청난 시간과 노력을 소모한다.

20여 전 로버트 기요사키Robert T. Kiyosaki, 1947~가 쓴 〈부자 아빠, 가난한 아빠〉는 세계적 베스트셀러였다. 당신은 이 책을 몇 번이나 읽었는가?

이 책은 전 세계에서 4,000만부 이상이 팔렸고, 돈과 투자의 비밀을 알려주었다. 나는 이 책이 돈을 벌고 부자 되는 법을 가르친다는 이유로 천박한 책이라 욕을 먹었기에 궁금해 흥미를 갖게 되었다. 그런데 이 책은 나온 지 20여 년이 넘었음에도 여전히 돈에 대한 다양하고 일리 있는 교훈을 건네준다. 나 역시 이 책의 "학교에서는 돈, 금융에 대해 가르치지 않는다"고 지적한 내용에서 큰 인식의 변화를 겪었다. 그리고 로버트 기요사키가 알려준 부의 비밀 역시 "돈이 자신을 위해 평생 일하게 만드는 것"이었다.

세상은 하루가 다르게 변하고 경제는 급격하게 디지털 경제로 전환되고 있다. 기업은 물론 우리의 라이프스타일도 변하는 환경을 따라가야만 생존이 가능한 시대다. 그 변화에는 가속도가 붙어 이제는 초단위로 변한다. 새로운 투자 환경과 금융·경제사회에 관한 교육이 절실히 필요하다. 그런데 요즘도 몇몇 사람을 제외하면 부의 미래를 배우려고도 하지 않고, 잘 가르치지도 않는다.

이제 부의 미래를 어떻게 준비할지를 고민함으로써 자산을 불리는 역량을 키워야 한다. 그전에 "나도 부자가 될 수 있다"는 부자 마인드를 가득 채워야 한다. 이 책은 그 시작 단계에서 똑똑한 돈 공부를 돕기 위해 쓰였다.

나는 당신에게 매우 확실하고 실용적인 돈 버는 법을 알려줄 실력을 갖고 있다. 우선 이 책을 여러 번 읽고, 부의 원리를 파악하고, 나도 돈을 벌 수 있다는 믿음을 갖고 반드시 행동으로 취하자. 부디 이 책을 즐겁게 읽어주어라. 가장 빨리 돈을 버는 비밀을 담고 있기 때문이다.

- 돈 지피지기

머니money 중심 자본주의 사회에서 살아가는데 돈만큼 중요한 것은 없다. 자본주의 사회는 돈 자체다. 투자와 경제의 흐름 등 금융경제 지식과 돈 버는 법을 배워야 한다. 그렇다면 '경제력'이란 무엇인가?

돈 버는 방법을 알고, 돈으로 자산을 불리는 역량을 갖추는 것이다. 주어진 현재 여건에서 최적화된 투자로 최소 손실로 이익을 낼 수 있어야 한다. 어디에 어떻게 돈을 투자하면 더 많은 이익을 낼지를 판단하는 능력을 갖춰야 한다.

춘추시대春秋時代 손무孫武, BC 545~470의 병법서 〈손자병법〉에는 '지피지기知彼知己, 즉 '상대를 알고 나를 앎'이라는 가르침이 있다. 상대와 나를 정확히 알아야 이길 전략을 세울 수 있듯이 '돈 지피지기'를 갖춰야 자산을 굴릴 수 있는 능력이 생긴다. 경제 흐름과 자신의 자산 사이의 관계를 상관적으로 풀어낼 수 있어야 한다. 새로운 부의 미래를 정확히 파악하고 금융경제 지식을 활용하여 예리하고 날카로운 투자 전략을 세워야 한다. 그래야 투자, 재테크, 노후 연금, 세금, 창업 등 자산을 알차게 굴릴 수 있다.

- 새로운 돈의 흐름

다음은 누가 말한 유명 글귀일까?

> "천재는 1%의 영감과 99%의 땀으로 이루어진다."

많은 시행착오를 거치면 그에 대한 보상이 뒤따른다는 의미다. 이 유명한 조언을 한 사람은 모두 아는 발명가 토마스 에디슨Thomas Alva Edison, 1847~1931이다.

본문에서 소개하겠지만 세계적인 부자들은 남들보다 더 올바른 정보를 얻기 위해 철저한 분석과 배움의 학습적 신념을 그대로 투자에 적용했다.

경제가 저성장 저금리 시대가 지속되면서 빠르게 움직이는 변동성을 읽어 투자하는 패러다임으로 부의 계단에 오를 수 있다.

위기crisis, 미리 준비한 사람에게는 부의 계단을 오를 좋은 기회다. 중국어에서 '위기危機'란 위험과 기회를 동시에 의미한다. 증시의 위기는 미래의 수익 창출 기회다. 가치 투자의 대가 존 템플턴 경이 늘 반복적으로 언급했던 격언이다. "매수하기 가장 적절한 때는 바로 거리에 피가 낭자할 때다." 그는 바겐 헌터로서 위기에 엄청난 투자 기회가 있다는 사실을 알았다. 즉, 위기의 정점에서 투자해 큰 수익을 올렸다.

- 미래를 읽는 현명한 투자가

바야흐로 주식 인구 천만 시대, 이른바 디지털 메타 자산시장이 점차 커지면서 새로운 경제시장이 펼쳐지고 있다. 어쩌면 지금이 부자가 될 결정적 기회일 수 있다. 투자는 빨리 시작해야 그만큼 평생 경제적 자유를 누릴 수 있다.

부의 첫 번째 계단을 오르는 법은 금융경제 기초를 잘 배우는 것이다. 투자 레슨에 아낌없이 투자해야 한다. 매일 호기심을 가지고 기업의 새로운 기술 변화와 사이클, 국내외 경제 지표, 재무제표, 경기정책, 시장 흐름 등을 꼼꼼히 읽고 숙지해야 한다. 구글 최고 경영자인 래리 페이지Larry Page, 1973~는 테드 강연에서 이렇게 말했다.

"많은 기업이 실패하는 주된 원인은 미래를 제대로 파악하지 못해서입니다."

자신이 처한 환경을 뛰어넘는 혁신, 패배는 없다는 사고방식, 낡은 것을 과감히 폐기하고는 부자가 되겠다는 뜨거운 열정은 미래를 파악하는 원동력일 것이다. 그때, 기초 금융경제 지식과 투자 마인드는 큰 힘이 된다.

성공철학의 아버지라 불리는 나포레온 힐Napoleon Hill, 1883~1970은 자신의 책 〈생각하라, 그러면 부자가 되리라〉에서 "인간은 자신이 상상했던 그대로의 인간이 된다"라고 말했다. 경제학자 조지프 슘페터Joseph Alois

Schumpeter, 1883~1950는 경제개발에 '창조적인 파괴의 질풍'이 필요하다고 지적했다. 또, 미래학자 앨빈 토플러Alvin Toffler, 1928~2016는 "낡고 뒤떨어진 기술과 산업을 폐기하고 새롭고 파괴적인 기술에 길을 열어주는 변화의 바람이 필요하다. 창조적인 파괴가 가장 먼저 찢어 버려야 할 것은 어제의 시간표다"라고 말했다. 우리에겐 미래를 읽는 눈이 절실히 필요하다.

투자 기회를 발견하는 인사이트가 위대한 투자다.

- 세상에서 가장 빠르게 돈 버는 머니 인문학 수업

오늘날 자본주의는 사람들의 이기적 욕망을 전제로 발전하고 있다.

인간의 욕망은 끊임없이 분출되고 팽창한다. 자본주의는 더 많이 갖는 것이 정의와 자유, 행복을 증진시킨다고 말한다. 하지만 이 책을 읽고 나면 무조건 많이 가지려는 욕심과 돈 버는 길은 다름을 알게 될 것이다.

앞으로 자본주의가 어떻게 변해갈지는 명확하지 않다. 확실한 건 미래는 지금보다 더 돈의 가치를 중요시 할 것이고, 새로운 디지털 자산이 중요한 자산으로 부상할 것이라는 사실이다.

이 책은 부富의 전략서로, 돈의 통찰을 키워주며 돈의 눈을 뜨게 하는 다섯 가지의 주제로 구성하였다.

이 책에서 제시하는 머니 지침들을 실제 삶에서 필히 습관화하고 꾸준히 실천하다 보면 큰 부富의 기회가 찾아올 것이다. 지식과 정보는 매일매일 새롭게 탄생하고, 그래서 무궁무진하다. 나는 앞으로 더 많이 배우고 노력할 것이다. 내가 모르는 미래의 것들을 알고 싶고, 그런 생각들을 나누고 싶다.

금융인문학 교육 연구소

정병태 교수

Part 2.　자산을 불리는 부자들의 비밀

Part 3.   돈 버는 마인드 수업, 부의 온도

Part 4. 따라만 해도 돈이 쌓이는 황금법칙

Part 5. 부의 눈이 뜨이는 고전 경제력

Part 1

사색이
돈을
만든다

경제 공부하는 사색가

"나는 99% 실패했고 성공한 건 1%에 불과하다.
중도에 포기하고 싶었던 적이 너무 많았다."

- 노벨 화학상을 받은 미국의 생화학자, 로버트 레코프위츠

돈의 흐름을 읽는 지혜

살아오면서 나에게 큰 지혜를 주었기에 어느 강의에서든 다음 이야기로 강의를 시작한다.

옛날 어느 나라에 백성을 지극히 사랑하는 한 왕이 있었다. 왕은 나라의 현인들을 모두 불러놓고 명령하였다.

"모든 백성들이 다 잘 살 수 있는 성공 비결을 적어 오너라."

수백 명의 현인이 머리를 맞대고 동서고금 성현들의 지혜를 모두 모아서 연구하였고, 마침내 12권의 책으로 완성하여 왕에게 바쳤다.

책을 받아본 왕은 생업에 바쁜 백성들이 언제 이렇게 많은 분량의 책을 읽을 수 있겠느냐면서 내용을 좀 더 줄여서 가져오라고 명령하였다.

현인들은 이를 두 권으로 대폭 줄였으나, 왕은 그래도 길고 방대하니 더 줄여오라고 하였다.

마침내 현인들이 성공 비결을 단 한 권의 책으로 적어 왕에게 바쳤다.

다시 책을 받아 내용을 살펴본 왕은 아직도 내용이 많아 백성들이 이해할 수 없으니 더 쉽고 간단한 말로 만들라고 명령하였다.

현인들은 할 수 없이 그 한 권의 책 중에서 가장 중요한 부분을 추리고 추려 겨우 한 페이지의 글로 요약해 왕에게 바쳤다. 그런데 왕은 이번에도 또 고개를 옆으로 저으며 못마땅한 듯, 한 페이지나 되는 글을 모든 백성들이 어떻게 다 외울 수 있느냐는 것이었다.

이번에도 현인들은 할 수 없이 그 한 페이지의 글 중에서도 가장 핵심이 되는 글귀 한마디만 적어서 왕에게 바쳤다. 왕은 그 한마디를 읽어보더니 무릎을 치며 그제야 크게 만족해하였다. 모든 백성들이 이 비결 한마디만 외워 실천한다면 모두 다 잘 살 수 있을 것이라며 매우 기뻐하였다.

그렇다면 12권의 방대한 지혜 중 수백 명의 현인들이 한마디로 줄인 성공 비결 문구는 무엇이었을까?

놀랍게도 그 한마디는 "공짜는 없다!"였다.

나 역시 이 간단한 성공 원리를 가르치기 위해 경제와 인문학을 결합한 통찰을 담은 〈MONEY 인문학〉을 집필했고, 이론과 실천을 강조하려 한다. 누구든 부자가 되고 싶거든 이 지혜의 말을 잊지 말자.

"세상엔 공짜는 없다!"

미래를 잇는 길

유대인 〈탈무드〉에서 전하는 이야기이다.

한 노인이 뜰에서 묘목을 심고 있었다.

지나가던 나그네가 이를 보고 노인에게 물었다.

"어르신께서는 이 나무에 언제쯤 열매가 열릴 것으로 예상하십니까?"

노인이 대답했다.

"내가 어렸을 때 우리 과수원에는 과일이 언제나 풍성하게 열려 있었소. 내가 태어나기 훨씬 전에 아버님께서 나를 위해 그 나무들을 심어주셨기 때문이오. 그래서 나도 내 아버님과 똑같은 일을 지금 하는 중이오."

위 이야기에서 알 수 있듯 배움은 미래를 잇는 길이다. 평생에 걸친 배움을 통해 유대인들은 그들이 지향하는 곳에 도달할 수 있었다. 우리 역시 배움을 잇는 태도를 멈추어서는 안 된다.

어느 분야에서든 배움 없는 성공은 없다. 배움의 과정 없이 찾아든 행운적 성공은 오히려 더 큰 실패를 초래하게 만들 수도 있다. 실패를 반복하지 않고 성장하기 위해서는 먼저 배워야 한다. 경제 역시 예술과 철학을 하듯 혼을 담아 부단히 연마하고 깊이 파고 들어가야 한다. 깊은 배움은 우리가 나아갈 바른 방향을 알려준다. 그다음은, 배운 대로 실천해야 한다. 개인이든 기업이든 배움에 행동이 따라야 성장이 가능하고, 목표를 향해 나아갈 수 있다. 그다음은 그 실행을 점검하고 평가를 거쳐야 한다.

배움의 끈을 놓지 않을 때 미래도 잇게 된다. 우리의 미래는 진실한 배움에 임할 때 그 길이 있다.

요즘 우리는 어떤 경계든 넘나드는 융합의 시대를 살아가고 있다.

경제학 역시 인문학과의 융합 없이는 더 창의적으로 뛰어난 길을 열 수 없는 시대다.

앞으로의 시대에서는 스스로 필요하다고 믿는 하나의 고정관념만 갖고 사는 것은 위험하다. 하나의 고정관념에 빠지지 않고 상황을 정확하게 간파하기 위해서는 반드시 통찰을 통해 탁월한 선택을 해야 한다. 특히 생존을 위해서는 무섭도록 날카로운 사색이 필요하다.

한국 최고의 사색가 다산 정약용丁若鏞, 1762~1836은 지적인 도전을 멈추지 않았던 지식인이었다. 그는 권력 다툼에 밀려 20년을 유배지에서 보냈을 정도로 고된 삶을 살았다. 하지만 다산은 유배지에서조차 생각을 바꾸면 원하는 삶을 개척할 수 있다고 하였다. 그리고 그 생각을 실천했다.

이처럼 배움과 실천을 게을리하지 않는 강한 정신력은 상황을 자유자재로 변화시킬 수 있는 능력이 되어준다.

사색 투자가, 아이작 뉴턴

역사적으로 세상을 바꾼 세 가지의 사과가 있다고 한다.

첫째는 성경에 나오는 에덴동산 속 아담과 이브의 사과이고, 두 번째는 만유인력의 법칙을 발견한 아이작 뉴턴Isaac Newton, 1642~1727의 사과이다. 세 번째는 현대사회에 큰 영향을 준 스티브 잡스의 사과애플, Apple이다.

그런데 이 중 사과와 관련해 가장 심도 깊은 물음을 던졌던 사람은 단연 천재 물리학자 뉴턴일 것이다. 과일 사과는 분명 뉴턴이 중력에 대해 많은 사색을 하게 만드는 동기를 제공했다. 다음은 윌리엄 스터클리1687~1765가 1752년 출판된 뉴턴의 첫 회고록에서 1666년 늦여름에 있었던 뉴턴의 사과 일화를 기술한 대목이다.

> "…그가 앉아 사색하고 있을 때, 그러한 중력에 관한 생각이 떠오른 것은 사과 하나가 떨어졌기 때문이었다. 그는 '왜 사과는 항상 지면에 수직으로 떨어지는 걸까?'하고 혼자 깊은 사색을 했다. …"

어느 여름, 아이작 뉴턴은 사과나무 아래에 앉아 있었다.

사색하던 중 사과 한 개가 그의 머리 위로 뚝 떨어졌다. 그는 의아하게 생각하기 시작했다.

'왜 사과는 위로 떨어지지 않고, 멀리 날아가지 않으며, 아래로만 떨어지는 걸까?'

뉴턴은 깊은 사색 끝에, 아무도 볼 수는 없지만 어떠한 힘이 사과를 끌어당긴다는 것을 깨달았다. 사과를 나무 밑으로 끌어당기는 힘이 있다는 것을 발견한 것이다.

이렇듯 뉴턴의 위대한 발견 역시 사색을 통해 얻어진 결과다.

그래서 나는 '사색이 인문학을 만든다'라는 표현을 종종 사용한다.

아인슈타인 역시 말했다.

"사색은 지식보다 중요하다."

'왜 떨어지는가?' 아이작 뉴턴의 사과나무[1]

---

1   이미지 출처: 구글
     http://www.nationalgeographic.rs/thumbnail.php?file=images/2015/04/600450_
     isaknjutn_481724804.jpg&size=article_large

모르는 사람이 없을 정도로 위대한 발견으로 인정받는 이 '만유인력의 법칙'은 모든 물체 사이에는 서로 끌어당기는 힘이 작용된다는 법칙이다. 이를 '중력gravity의 법칙'이라 말하기도 한다. 즉, 지구가 물체를 끌어당기는 힘을 말한다.

현대 과학의 아버지라 불리는 뉴턴은 과학에서 출발해 수학, 음향, 철학, 신학, 역사학 등 다양한 분야에서 엄청난 업적을 남겼다.

뉴턴의 아버지는 자신의 유언장에 서명 대신 엄지손가락 도장을 찍을 정도로 문맹이었고 뉴턴이 태어나기도 전에 사망했다. 어머니는 그를 낳고 2년 만에 재가해서 뉴턴의 곁을 떠났다. 뉴턴은 할머니 손에서 양육되었다.

그렇다 보니 뉴턴의 학창 시절 성적은 좋지 못했고, 성격도 내성적인 편이었다. 하지만, 혼자서 무언가를 만들며 노는 것을 즐겼다고 한다. 그는 1661년에 케임브리지 대학 트리니티 칼리지에 입학하여 공부했다. 그러고는 철학자 데카르트에 매료되었다. 뉴턴이 남긴 말 중에는 "플라톤과 아리스토텔레스는 나의 친구다"라는 말도 있다.

뉴턴은 고향에서 과학과 철학에 대해 사색할 기회를 갖게 된다. 과학의 역사를 바꾼 사색의 발견, 그 유명한 떨어지는 사과를 보고 중력의 개념을 생각했다는 일화가 바로 이 무렵에 일어난 일이다. 다른 사람은 보고도 쉽게 지나쳤을 광경이지만, 뉴턴은 사과가 떨어지는 것을 보고는 '사과가 왜 밑으로만 떨어지지?'라며 그 광경을 곱씹었고, 깊이 사색했다.

그 결과 과학의 역사를 바꾸었다.

천재도 주식투자는 꽝!

불확실성이 가득한 투자 경제 상황에서 자신을 살아남게 할 가장 강력한 힘이 무엇이라 생각하는가?

나는 이를 정신력이라 믿는다. 실전 투자에서 많은 돈을 벌려면 그만큼 강력한 정신력이 필요하다. 순간순간 자신을 제어할 수 있어야 한다. 여기에 통찰적 사고를 통해 본질을 꿰뚫어 보는, 즉 흐름을 읽는 자질도 필요하다. 여러 현상이나 정보에 현혹되지 않고, 그 토대에 숨어있는 다양한 변수를 통찰해 내야 한다.

우리가 흔히 하는 고스톱 게임에서는 평정심을 잃지 않고 '고'할지 '스톱'할지를 먼저 생각해야 한다. 이때, 참을성 없이 게임을 할수록 돈을 딸 가능성은 줄어든다. 사람들은 한 방을 바라지만, 투자의 경제시장에서 돈벼락을 맞고자 한다면 무엇보다 여유로운 자세와 인내심, 깊은 사색 후의 신중한 선택이 매우 중요하다.

뉴턴이 그랬듯 '왜 계속 지표가 떨어지고 있지?'라는 사색적 물음에 답을 찾고자 상황을 살피는 것이다. 실제 투자의 경제시장에서 돈을 번 사람들은 여러 경제 지표가 떨어지는 이유를 정확히 분석하는 사람들이었다. 지표가 바닥을 기고 있을 때를 가장 좋은 매집 적기로 보고 미리 사놓은 사람들이었다. 결국 지표가 떨어졌을 때 사색적 물음을 갖고 인내하며 예리한 분석을 더해 가장 좋은 가격에 사야 투자 시장에서 이익을 낼 수 있다.

실제로 그 어떤 천재라 할지라도 실전적 사색 없이 단 한 방의 대박을 기대하여 투자했다가는 큰 손실을 보게 된다. 놀랍게도 아주 열정적인 주식 투자자 중에 한 사람이 앞서 소개한 천재 물리학자 아이작 뉴턴이었다. 그는 일찍이 주식에 투자했다. 뛰어난 과학자이자 사색가였으나, 런던 공황 때 투자한 재산을 몽땅 잃어버리고 다음의 말을 남겼다.

"…주식 시장은 정말 알 수 없다."

26세에 케임브리지 대학의 교수가 됐을 정도로 인류 최고의 지성인으로 알려진 뉴턴이 주식에 낀 거품을 몰랐던 것이다. 엄청나게 고평가된 남해 회사South Sea Company 주식에 투자했다가 1720년에 2만 파운드를 잃었다.

이처럼 투자는 천재적인 머리를 지녔다고 해서 무조건 성공하는 것은 아니다. 단순 지식이나 정보, 통계가 아니라 감정을 통제하는 깊은 사색적 관찰이 더 중요하다. 사과나무에서 중력을 발견했듯이 여유로움을 잃지 않은 상황에서 자신의 감정을 다스려 탁월한 선택을 해야 한다.

뉴턴은 많은 돈을 잃은 후에도 주식 투자에 손을 댔으나, 번번이 실패하자 자신 앞에서 주식의 '주' 자도 꺼내지 못하게 했다. 만약 뉴턴이 떨어지는 사과를 보고 사색했듯 주식을 깊은 사색으로 대했다면, 결과는 분명 달랐을 것이다. 내가 물리학자 아인슈타인의 "사색이 지식보다 중요하다"라는 말에 절대적으로 찬성하는 이유다. 이기는 투자 비법은 간단하다. 천재는 아닐지라도 사색가에게는 당할 수가 없다.

워렌 에드워드 버핏

미국의 억만장자이며 세계적인 투자 귀재인 워런 버핏Warren Edward Buffett, 1930~[2]은 저평가된 기업의 주식이 급격하게 떨어질 때 이를 사들여 장기 투자로 부자가 된 대표적인 인물이다.

그는 우량 주가들을 관찰해 두었다가 내재가치에 비해 저평가되어 주가가 떨어졌을 때 잽싸게 사서 장기 보유하는 방식을 따랐다. 악재에도 샀고, 좋은 주식이 시장에서 인기가 없고 가격이 턱없이 떨어졌을 때도 샀다. 남들이 관심을 두지 않아 떨어지는 주식들도 샀다.

이는 투자의 귀재 워런 버핏의 이기는 투자 비법이었다.

2   이미지 출처: https://en.wikipedia.org/wiki/Warren_Buffett

머니 마스터들의 조언

부자가 되는 출발선은 공평하다. 예리한 철학적 관찰과 사색이 최고 무기다. 꾸준하고도 깊고 넓은 경제 공부습관이 돈을 벌 기회를 만들어 준다는 신념 아래 금융경제 공부를 한다. 금융경제에 집중하는 시간이 많을수록 자산은 늘어날 것이다. 투자 통찰과 예리한 사색과 금융경제 공부의 합이 부富를 만들어 낸다.

우리를 둘러싼 모든 먹고사는 문제가 경제와 관련이 있는데, 정작 경제 공부가 가장 부실한 것이 현실이다. 평소 꾸준히 경제 공부습관을 다져놓는다면 어느 순간 돈의 흐름이 보이고, 자산이 불어난다.

중요한 것은 현명한 투자가는 어느 시대에서든 살아남는다는 사실이다.

물론 투자란 아무리 작은 규모일지라도 쉬운 일이 아니다. 투자의 대가 워런 버핏도 매일 책을 읽고 꾸준한 투자 공부를 한다고 하지 않는가?

워런 버핏의 투자에 가장 지대한 영향을 미친 스승은 벤저민 그레이엄 Benjamin Graham, 1894~1976 교수였다. 그가 투자 원칙과 철학을 정리해 쓴 한 권의 책이 있는데, 바로 투자의 바이블로 여겨지는 〈현명한 투자자〉다. 벤저민 그레이엄 교수가 말하는 '현명한 투자자'란 바로 안전 마진의 원칙을 중시하는 사람이다. 이는 투자 종목을 고를 때 비싸지 않게 사는 것을 의미한다. 그래서 벤저민 그레이엄은 '가치 투자'의 아버지로 불린다.

〈벤저민 그레이엄의 현명한 투자 기술〉

◆ 안전 마진 = 위험은 적고, 기대수익은 높은 것

또한 그가 주장하는 현명한 투자자의 제1원칙은 바로 주식을 사기 전에 항상 시장과 종목의 재무제표, 내재가치 등을 꼼꼼하게 읽고 분석하라는 것이다.

그러므로 누구든 단기간에 돈을 벌려는 마음은 접고, 대신 평상시 금융경제 공부습관을 통해 금융지식과 초예측력을 갖춰야 한다. 본질을 꿰뚫어 보는 통찰력 말이다. 다시 말하지만 그러려면 빡세게 금융경제 공부습관을 통해, 앞선 정보를 수집하고 돈의 흐름을 읽어야 한다. 그리고 다양한 투자 전략과 자산 관리의 원리를 실전 경험을 통해 익혀야 한다. 그래야 문제에 부딪치거나 해결 방안을 찾고자 할 때, 절호의 기회가 왔을 때, 익힌 한 수의 답으로 상황을 해결할 수 있다.

다음 부자 리스트에서 찾을 수 있는 공통점은 무엇일까?

메타 플랫폼스(페이스북) 창업자 마크 저커버그, 구글 창업자 세르게이 브린과 래리 페이지, 아마존 창업자 제프 베이조스, 알리바바 창업자 마윈, 마이크로소프트 창업자 빌 게이츠, 투자의 귀재 워런 버핏, 중국의 부동산 투자가 왕젠린, 헤지펀드 매니저 조지 소로스, 미국의 투자가 칼 아이칸 등

바로 이들 모두 아무것도 없는 상태에서 맨손으로, 자수성가한 부자들

이라는 것이다. 이 중에서도 11살 때 처음으로 주식을 사서 투자자가 된 사람이 있다. 그는 누굴까?

그는 뉴욕 증권거래소에서 가장 비싼 주가를 차지하는 투자 지주회사 '버크셔 해서웨이'의 회장이다. 이 금융 지주회사의 주식 1주는 한화로 약 2억 3,000만 원 정도다. 그 투자가는 바로 투자의 귀재 워런 버핏이다.

버크셔 해서웨이 A 주가 344.80 (22.4.8.)

단숨에 부자 되는 법

포드 자동차의 설립자 헨리 포드Henry Ford, 1863~1947의 부자 되는 법 역시 오늘날에도 여전히 먹히는 조언이다. 그는 부자가 되는 법에 대해 이렇게 말했다.

> "부자가 되는 세 가지 방법이 있다. 첫째, 부모로부터 상속을 받아라. 둘째, 부자와 결혼하라. 셋째, 버는 돈보다 적게 쓰고 저축하라."

투자가 앙드레 코스톨라니André Kostolany, 1906~1999는 이보다는 현실적인 방법을 제안했다.

> "첫째, 부유한 배우자를 만난다. 둘째, 유망한 사업아이템을 갖는다. 셋째, 주식 투자를 한다."

위 조언에서 알 수 있듯이, 아무것도 없는 상태에서 자신의 역량을 통해 부자가 되려면 우선 자기만의 포트폴리오를 구성하고 돈의 시나리오를 짜야 한다.

'포트폴리오'란 자신의 자산, 또는 투자를 주식, 채권, 부동산과 코인 등의 여러 금융자산으로 분산해 운용 관리하는 것을 의미한다. 누구든 꾸준한 경제 공부습관을 통해 다양한 포트폴리오를 만들어 가면 반드시 돈으로부터 자유로워지는 날을 맞이할 수 있다. 성공한 투자자는 항상 경제 공부를 하고 연구하는 사람들이기 때문이다.

투자와 관련해 나는 항상 워런 버핏의 조언을 마음속에 새긴다.

〈버핏의 투자의 법칙〉
법칙 1. 절대 돈을 잃지 않는다.
법칙 2. 절대로 투자의 법칙 1을 잊지 않는다.

마음에 꼭 새겨야 할 버핏의 또 다른 조언도 있다.

> "주식이 단기간에 50%가 떨어졌을 때 심한 곤란에 빠지게 된다면 절대로 주식에 투자하면 안 된다."

워런 버핏은 벤저민 그레이엄처럼 가치 투자를 매우 중요시하기도 했다. 여기서 가치 투자란, "1달러짜리 지폐를 40센트에 사는 것"이다.

"돈이 되는 금융경제 공부습관"

> ## » 더 생각해 볼 주제

성찰하기

'철학' 하면 무엇이 떠오르는가?

이 질문은 언제나 어렵고 애매하며 막연하다. 철학은 '성찰적 사고'다.

성찰적 사고란, 어떤 주제나 대상을 다시 한번 문제 삼아 되돌아보는 것을 뜻한다. 즉, 반성적 사고로, 사람들이 미처 생각하지 않았던 깊은 물음들을 던지고 답을 찾아내기 위해 애쓰는 태도다. 인간사의 중요한 주제나 너무나도 당연하게 여기며 지나치는 것들에 대한 물음이다.

> ## » 꼭 실천해야 할 지침

경제 흐름 읽기

매일 꾸준히 경제 전반의 흐름을 읽는다. 금리, 주가, 환율, 유가, 금, 코인 가격, 경기 지표와 국내외 경제정치를 들여다본다. 더불어 경제 기사, 뉴스, 경제 용어, 경제 도서 등을 꾸준히 섭렵한다. 하루 30분은 경제 지표와 기사를 읽고 경기의 흐름을 파악한다.

매일 경제 기사 요약하기

매일 경제 산업 분야별 기사들을 읽고 꾸준히 기록한다. 짧게 한두 문장으로 요약 정리한다. 기사를 통해 얻은 수치, 테마 소식, 상황, 향후 전망, 코스닥과 코스피, 주간 이슈 종목, 주가, 환율, 금리 등과 자신이 느낀 점까지 적는다.

_____

_____

_____

_____

» 더 읽어볼 북(book)

◎ 〈현명한 투자자〉, 벤저민 그레이엄, 역 박진곤, 국일증권경제연구소

◎ 〈존 템플턴의 가치 투자 전략〉, 로렌 템플턴, 스콧 필립스, 역 김기준, 비즈니스북스

◎ 〈사피엔스〉, 유발 하라리, 역 조현욱, 김영사

◎ 〈빌 게이츠, 기후재앙을 피하는 법〉, 빌 게이츠, 역 김민주 외, 김영사

◎ 〈하워드 막스 투자와 마켓 사이클의 법칙〉, 하워드 막스, 역 이주영, 비즈니스북스

거시경제의 흐름을 읽는 인문인

"세상을 변화시키고 싶다면,
당신부터 변화된 삶을 살아라."

- 인도의 지도자, 마하트마 간디

정보를 기회로 연결하기

우리는 차고 넘치는 정보 홍수의 시대에 파묻혀 산다. 그런데 아무리 정보가 넘쳐나도 제대로 활용하지 못하면 쓸모없는 쓰레기에 불과하다. 반대로 이 무수한 정보를 끊임없이 미래와 잇고 연결하는 법을 배우면 성장을 위한 최고의 촉진제가 된다. 특히 그 정보를 사색을 통해 나만의 것으로 만들어 제대로 활용하면 부를 확장하는 길로 뻗어나갈 수 있다.

영국의 시인 새뮤얼 존슨Samuel Johnson, 1709~1784은 "현재는 순식간에 지나가기 때문에 과거나 미래와 연결 짓지 않고는 아무 생각도 할 수가 없다"라고 말했다.

사람들은 부富를 얻는 일을 어렵게 생각한다. 부의 확장은 이미 자신이 가지고 있는 무형자산을 어떻게 세상에 존재하는 수많은 기회인 유형자산과 연결시키느냐에 따라 가능해진다. 삶에서 큰 기회라 할 수 있는 순간들은 대부분 무형자산들 사이의 연결에서 일어난다. 특히 부의 기회는 사람과 사람 사이의 연결고리에서 자주 발생한다.

다음은 인도의 위대한 지도자 마하트마 간디Mahatma Gandhi, 1869~1948의 명언이다.

"사람은 오로지 생각의 부산물이다.
무엇을 생각하느냐에 따라 존재가 결정된다.

세상을 변화시키고 싶다면, 당신부터 변화된 삶을 살아라.

당신이 취하는 모든 행동이 보잘것없다 하더라도,

중요한 것은 일단 행동을 취하는 것이다.

나의 미래는 내가 오늘 무엇을 하느냐에 달려 있다."

나의 경우, 인도하면 순간적으로 두 인물이 떠오른다. 한 사람은 '마하트마 간디', 또 한 사람은 노벨 문학상을 받은 철학자이며 시인 '타고르'다. 마하트마 간디는 인도의 독립운동과 무저항 비폭력 운동을 전개한 지도자다. 그는 부모님의 종교였던 힌두교를 믿었다.

인도의 정신·정치적 지도자 마하트마 간디[1]

그가 남긴 많은 가르침 중에서 좋아하는 말은 "미래는 현재(지금) 우리가 무엇을 하는가에 달려 있다"이다. 그의 이름 '마하트마'의 뜻은 '위대한 영혼'인데, 이는 시인인 '타고르'가 지어준 이름이기도 하다.

---

1 이미지 출처: 구글

   http://latimesblogs.latimes.com/.a/6a00d8341c630a53ef0120a60a8cd3970c-400wi

라빈드라나트 타고르Rabindranath Tagore, 1861~1941는 1913년 아시아에서는 처음으로 노벨 문학상을 수상했다. 주식 투자에서 가장 많이 인용되는 그의 시 한 구절을 읊어보겠다.

"새의 날개를 금으로 싼다면
그 새는 영영 공기 중으로 날지 못할 것이다."

"우리는 세상을 잘못 보고서도
세상이 우리를 속인다고 한다."

결국 이기는 4G 소신파 투자가

대부분의 투자가들은 흔히 소신 없는 투자 자세로 매매 시장에 발을 들여놓는다. 그렇다면 '샀다 팔았다'식의 충동적인 매매 거래의 결과는 어떨까?

어쩌면 여러분들이 예상한 결과가 맞을 수 있다. 결과적으로 '샀다 팔았다'식의 충동식 거래 습관으로는 손실만 보는 경우가 더 많았다. 특히 다른 사람의 매매나 시장의 흐름에 편승하여 충동적으로 매매하는 것을 '부화뇌동 매매'라 한다. 감정을 조절하는, 계획적이고 원칙에 의한 매매 습관을 먼저 갖춰 투자에 입문하는 것이 중요하다. 냉정한 분석과 판단력을 갖고 주식 시장에 접근해야 한다.

유럽의 전설적인 투자가이며 주식의 신이라 불리는 앙드레 코스톨라니는 헝가리에서 태어났고, 철학과 미술사를 전공했다. 그는 소신파 투자자를 독일어 단어의 앞 자를 따, 이른바 4G, 생각Gedanken, 인내Geduld, 돈Geld, 행운Glueck을 갖춘 사람이라고 하였다. 반면 부화뇌동파는 생각, 인내, 돈이 없는, 즉 3G가 부족한 사람들이다.

앙드레 코스톨라니가 투자자들에게 전하려는 충고는 다음 한 가지로 요약된다. "생각하는 투자자가 되십시오." 그가 남긴 무수히 많은 이론 중에서 가장 유명한 것은 '앙드레 코스톨라니 달걀 이론'이다. 뒤에서 자세히 살펴볼 텐데 간략히 설명하면, 금리 저점 시기에서 금리 상승 시기로 전환될 때 주식에는 투자하고, 부동산은 매도하라는 내용이다.

월가의 영웅으로 불리는 피터 린치Peter Lynch, 1944~는 "투자자에게 가장 필요한 자질이라면 시장에서 일어나는 사사건건에 무심할 수 있어야 한다"라고 말했다. 그런가 하면 글로벌 투자의 대가로 꼽히는 존 템플턴Sir John Templeton, 1912~2008 경은 낙관론자의 손을 들어줬다. 즉, 세상을 밝게 보는 낙관적인 시각이야말로 주식 투자자에게 딱 맞는 안경이라는 것이다. 그는 매수 종목을 고를 때 현재 주가의 5배를 향후 5년간의 예상 수익으로 나눈 수치를 이용해 기업의 가치를 평가했고, 1배 내지 2배를 지불하고 주식을 매수했다.

포브스Forbes지는 존 템플턴 경을 글로벌 투자의 선구자이며 역사상 가장 성공한 투자가 중 한 사람으로 평가하고 소개했다. 그의 투자 원칙은 시장이 비관론에 휩싸여 있을 때 주식을 사고, 낙관론에 빠져있을 때 주식을 팔라는 것이었다.

다음은 투자가들이 기억해야 할 존 템플턴 경의 투자 원칙이다.

〈존 템플턴 경의 투자 원칙〉
원칙 1- 싸게 사서 비싸게 파는 게 주식이다.
원칙 2- 무릎에서 사서 어깨에서 팔아라.

[실전 학습] 실제 투자 훈련 지침서

주식 투자 학습 중에 한 번은 **저평가된 싼 주식과 떨어져 있는 대형 종목 1주씩**을 매집하기를 권한다. 조건은 여러 종목 분석을 통해 바닥에 있으나 향후 오를 수 있는 종목이어야 한다.

새로운 계좌를 개설하여 집중 관찰 종목을 만들고, 많은 종목을 최소 금액의 투자로 관리하도록 한다. 계속하여 쭉쭉 클 종목을 발굴해 집중적으로 투자한다.

이렇게 싼 주식과 저평가된 우량 종목을 1주씩 모으는 능력이 쌓이면 매매시장에서 이길 수 있다.

신중한 투자 게임

존 템플턴 경은 대학생 때도 장학금을 받을 만큼 유능하고 똑똑한 청년이었다. 그의 투자 원칙을 보면 그가 가치 투자의 대가임을 알 수 있는데, 투자 시 반드시 공부와 분석을 통해 주식을 골랐고, 결국에는 큰돈을 벌었다. 특히 매수하기 전에는 좋은 주식인지 아닌지를 판단하기 위해 많은 분석을 철저히 했다.

증권심리학에서는 투자를 심리게임으로 본다. 앙드레 코스톨라니가 "심리학이 증권시장의 90%를 결정한다"라는 유명한 말을 남긴 이유다. 다음은 앙드레 코스톨라니의 최후의 역작인 책 제목과 투자의 지혜가 담긴 말이다.

책- 〈돈, 뜨겁게 사랑하고 차갑게 다루어라〉
지혜- "성공적인 투자자는 100번 중 51번 이기고 49번은 잃는다."

이는 기업의 재무제표가 무엇인지, PBR[2], ROE[3], PER[4] 등은 무엇인지를 포함해 증권시장 이론, 경기 지표, 금융 지식 등과 같은 기초적인 개념이

---

2   주가를 BPS로 나누어 현재 거래되는 주가가 주당 순자산 가치에 비해 몇 배로 거래되고 있는지를 알아보는 지표이다.
3   기업의 수익성을 보여주는 지표로, 당기 순이익을 자본 총계로 나눈 값을 나타낸다.
4   현재의 주가가 적절한지 여부를 판단해 기업 가치를 판단한다.

중요하다는 의미이기도 하다. 금융 지식 없이 주식 시장에 뛰어들고 있는 투자자들에게 전하는 조언일 수 있다.

철학과 미술사를 전공한 앙드레 코스톨라니는 자유, 심리, 철학, 예술 등의 중요 키워드로 주식 투자를 설명했다. 아래는 그의 명언이다.

"경제와 주식의 관계는 산책을 나온 주인과 애완견과 같다."

산책하는 동안 개의 움직임은 매번 달라 보이지만, 결국 주인을 따라 집으로 돌아온다. 주식 역시 이 주인과 산책 나온 개와 같다는 의미이다.

이를테면 어떤 사람이 개를 데리고 산책할 때, 보통 개주식가 주인경제, 돈을 앞서가는 경우가 있다. 그러나 개가 주인보다 지나치게 앞서갈 때, 개는 주인이 잘 따라오는지 뒤를 돌아보고, 그 거리 차이가 지나치면 주인에게 되돌아왔다 또 앞서 간다.

이처럼 움직이는 주식의 패턴을 잘 알고 이해하면 큰 수익을 낼 수 있다.

군자君子를 닮은 소신파 투자가

주식 투자에는 크게 1) 소신파와 2) 부화뇌동파 두 부류가 있다.

소신파는 돈과 인내심, 뚜렷한 주관을 가지고 있다. 특징으로는 사소한 사건에도 번번이 대응하지 않는다. 공부와 관찰을 통해 매수하였기에 시장 상황을 신중하게 대한다. 또, 본질을 꿰뚫어 보는 통찰력을 중요시하는 사고방식을 지니고 있다.

반면 소신 없는 부화뇌동파들은 정세, 시장, 증시, 금리, 경제, 주가 등이 하락하면 공포감에 사로잡혀 성급하게 주식을 팔아치운다. 심지어는 헐값에 손해를 보면서까지 나름의 전략과 소신도 없이 매매한다. 이는 선택한 종목과 깊은 사귐이 없었다는 증거다. 신중하게 선택한 종목과 오래 사귀었다면 절대로 헐값에 종목을 팔지 않는다. 투자를 할 때는 이처럼 기본적인 원칙을 가지고 임해야 한다.

중국의 철학자 공자孔子는 〈논어論語〉 '자로편子路篇'에서 "발전하지 못하고 퇴보하거나 타락하면 더 이상 군자가 아니다", "군자는 화합하지만 부화뇌동附和雷同하지 않는다. 소인은 부화뇌동하지만 화합하지 않는다"라고 말한 바 있다.

'부화뇌동한다'는 의미는 자신의 소신과 신념, 정체성, 객관적 기준 없이 물리적인 힘이나 수가 많은 무리의 주장, 타인이 택한 환경을 맹목적으로 추종함을 뜻한다. 그러나 군자君子를 닮은 투자 자세를 지니면 깊은 사색

없이 선택하거나 쉽게 흔들려 자신의 선택을 바꾸지 않는다. 평정심을 갖고 신중하게 접근하며 쉽게 결정하는 법이 없다.

종합해 보면 이기는 투자자는 그간 쌓은 경험과 예리한 통찰력을 통해 결정을 소신껏 한다. 그러므로 돈의 흐름은 부화뇌동파의 손에서 소신파로 넘어간다. 소신파는 자신이 갈고 닦은 정보라는 판단력을 갖고 결정적인 순간에 자신을 믿고 결정한다. 그래서 소신파 5%, 부화뇌동파 95%로 구성된 투자자의 비율 중 5%의 소신파가 이기는 것이다.

투자자라면 순간순간 변화하는 경제, 시장 상황에 맞춰 유연하게 변화할 수 있어야 한다. 때론 융합도 필요하다. 이를 위한 첫 번째 단계는 시장에 어떤 위험들이 있는지 주의 깊게 살펴보는 일이다. 단순한 앎을 넘어 철저히 분석하고 전략적으로 접근해야 한다. 소신을 갖고 실제 해봐야 한다.

호황기와 불황기의 반복

- 거시경제 흐름 읽기

흔히들 "역사는 반복된다"고 말한다. 사실 역사만 반복되는 것이 아니라 경제도 반복된다. 경제뿐만 아니라 투자 시장도 반복된다.

우리는 반복되는 역사를 통해 돈의 흐름을 배운다. 경제의 역사 역시 일정 주기로 성장과 쇠퇴를 반복한다. 반복되는 경제 역사 속에서 미래에 살아남기 위한 전략을 포착해 갖춰야 한다. 자본주의 사회의 투자자라면 큰 그림을 보듯이 경제를 거시적으로 보고, 관심을 다양한 범위까지 넓히는 것이 중요하다.

앞서 주식 투자의 신이라 불리는 앙드레 코스톨라니의 '달걀 이론'을 잠시 소개했다. 코스톨라니는 경제의 흐름이 달걀과 비슷하게 생겼다며 '달걀 이론'을 만들었다. 이론의 요지는 금리가 저점기에서 상승기로 전환될 때 주식은 투자하고, 부동산은 매도하라는 것이다. 많은 사람이 주식에 관심이 없을 때 주식을 매수하고, 관심을 가질 때 매도하라는 이론이다.

물론 시장과 정책은 코스톨라니의 달걀 이론대로만 움직이지는 않는다. 시장은 언제나 경험해 본 적 없는 새로운 산업으로 변화하고 발전해 가기 때문이다.

다음 페이지의 모형을 참고하자.

- 앙드레 코스톨라니의 달걀 모형

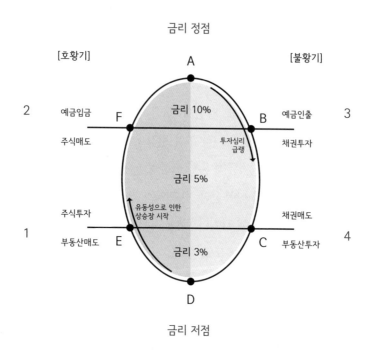

금리 정점

[호황기]　　　　　　　　　A　　　　　　　[불황기]

2　예금입금　F　　금리 10%　　　B　예금인출　3

주식매도　　　　　　　　　　　투자심리　채권투자
　　　　　　　　　　　　　　　급랭

금리 5%

주식투자　유동성으로 인한　　　　　채권매도
　　　　상승장 시작

1　부동산매도　E　금리 3%　　C　부동산투자　4

D

금리 저점

위 사이클을 기반으로 투자 시장은 호황기와 불황기를 반복한다.

　현재 (1)에 있다면 주식에 투자하고, 부동산은 매도한다. (2)에 도달하면
주식은 매도하고, 현금으로 예금을 시작한다. (3) 금리가 정점에 오르면 채
권 투자를 하고, (4) 금리가 내려가면 다시 부동산 투자를 준비한다.
　코스톨라니는 전체를 각 4개의 사이클로 나누어 분류하였고, 각 부분
에서 투자 유형을 설명했다. A에서 시작하여 시계 방향으로 순환하는 패

턴인데, 거시경제 관점에서 모형을 좀 더 살펴보겠다.

〈코스톨라니의 달걀 모형 알아보기〉

A: 금리가 높아져 있기에 경기가 침체되어 있다.

B: 금리가 낮아질수록 채권의 가격은 상승하기 때문에 이 시기에 매수하면 싼 가격에 매수할 수 있다. 예금을 인출하고 채권에 투자한다.

C: 금리가 많이 낮아진 시점으로 부동산 가치 하락을 고려하여 부동산 투자를 하고, 채권은 매도한다.

D: 금리가 최저점에 도달하는 시기이다. 낮아진 금리로 경기가 확장으로 전환되는 시기다.

E: 경기 확장에 따라 금리가 다시 오른다. 주식에 적극적으로 투자하고, 부동산은 매도한다.

F: 금리가 상당히 올라온 시점으로 예금을 하고, 경기가 안 좋아질 것을 대비한다. 주식은 매도한다.

판다   A

F   B

기다림

E   C

산다   D

"돈이 되는 금융경제 공부습관"

» 꼭 알아야 할 금융경제 용어

경기순환

사람들이 경기 동향에 관심을 갖는 이유는 경기가 가계, 기업, 정부의 이익에 큰 영향을 미치기 때문이다. 가계는 경기가 개선되어야 소득이 증가하여 소비를 늘릴 수 있다. 기업 또한 경기 동향을 미리 파악해야 수요를 전망하고, 생산 및 시설 투자계획을 수립할 수 있다.

경기는 국민경제를 이루는 생산, 소비, 분배의 총체적인 활동 수준이라고 할 수 있다. 경제활동은 일정 기간 활발하기도 하고, 위축되기도 하는 현상을 보이는데, 이를 경기순환경기변동이라고 한다.

기준 금리

초단기 금리를 중앙은행이 조절하는 것으로, 장기금리, 회사채 금리를 비롯한 실물경제에 영향을 주는 금리이다. 그래서 주가와 금리가 오를 때는 함께 오르고, 하락할 때는 함께 하락하는 경향이 있다.

시장 금리

'시장 금리'는 다수의 거래당사자가 참가하는 시장에서 자금의 수급에 의해 결정되는 금리를 말한다. 만기가 1년 이하인 단기금융시장자금시장 금리와 1년 이상인 장기금융시장자본시장 금리로 구분된다.

단기금융시장의 대표 금리는 콜금리, 양도성예금증서CD금리, 기업어음CP금리이며, 장기금융시장의 대표 상품은 3년 만기 국고채와 회사채다.

» **꼭 실천해야 할 지침**
....

경제 분야별 대표 기사 읽기

먹고사는 모든 문제가 경제와 연관되어 있는 만큼, 경제 공부가 부실하면 안 된다. 경제 공부에는 벼락치기가 통하지 않는다. 평소 꾸준한 경제 공부습관으로 실력을 다져놓아야 한다. 매일 경제 지표를 들여다보자. 하루 지수, 금리, 주가, 환율, 유가, 금 가격 등은 물론이고, 그날의 경제 전망까지 카테고리별로 파악하여 나눌 수 있어야 한다.

- 거시경제 / 미시경제
- 국제 뉴스 / 주식
- 부동산 / 코인(비트코인)
- 정치 정책 / 산업 트렌드

문명을 알면 미래의 부가 보인다

"돈을 섬기지 말아라. 돈을 다스려야 한다.
돈이 너를 다스리게 해서는 안 된다."

- 어느 백만장자의 말

화폐의 발전

중앙아메리카에 위치한 엘살바도르 공화국은 전 세계에서 처음으로 암호화폐 비트코인을 법정 통화로 사용한 국가다. 공용 통화인 미국 달러와 함께 비트코인이 돈으로 쓰인다. 고객이 상점에서 물건 값을 비트코인으로 지불해도 수납을 거부할 수 없으며, 세금 역시 비트코인으로 낼 수 있다.

미국에서도 암호화폐 활용처가 점차 늘어나는 추세다. 미국의 체인 영화관 AMC도 비트코인 결제를 허용했다. 식당이나 슈퍼마켓은 물론 노점상까지 비트코인 결제처가 늘어나고 있다. 편의점, 피자가게, 커피숍, 극장, 서점, 온오프라인 쇼핑몰 등에서도 비트코인 결제를 할 수 있다. 국내에서는 아직 비트코인을 결제에 직접 사용할 수는 없지만 여러 거래소에서 비트코인을 현금화하여 사용할 수는 있다.

인류는 화폐를 발명해 물물교환의 문제를 해결했다. 고대 철학자 아리스토텔레스는 경제의 물물교환에서 화폐가 탄생하고, 상업이 성립하며, 독점이 발생한다는 것까지 설명했다. 그는 생산된 물건이 '사용가치'와 '교환가치'를 지닌다고 하였다.

최초의 도시가 등장했던 메소포타미아 문명에서는 주로 보석류와 은을 화폐와 비슷하게 취급했다. 기원전 600년경 오늘날의 터키 지역에 해당하는 리디아에서는 금과 은을 화폐로 사용했다. 그리스에서는 주화가 화폐로 통했다.

인류 최초의 화폐 셰켈 이야기

인류 최초의 화폐- 셰켈(shekel)[1]

인류 최초의 문명국가인 고대 수메르는 대략 기원전 4,000년경부터 인류 최초의 언어인 '수메르어'를 사용했다. 수메르는 인류 문명 4대 발상지 중 한 곳인 메소포타미아의 가장 남쪽 지방으로 현재 이라크 남부에 해당한다. 그 수메르인이 남긴 유산 가운데 경제사에서 가장 큰 족적이 화폐의 발명이다.

기원전 9,000년경부터 사람들은 종종 교환의 단위로 가축을 사용했다. 농업의 발달로 사람들은 물물교환을 위해 밀 다발을 사용했는데, 밀she과 다발kel을 합해 '셰켈shekel'이라고 불렀다. 이후 기원전 3,000년경에 수메

---

1   고대 카르타고 셰켈 (기원전 310~290). 바알 함몬의 배우자인 타니트의 형상이 새겨져 있다. 모압인 , 에돔인, 페니키아인은 셰켈을 사용했지만 적절한 주화는 매우 늦게 개발되었다.

르인들은 동전 주화를 제조해 사용하기에 이른다. 그들은 이 동전을 '셰켈'이라고 불렀다.

수메르인들은 화폐를 발명해 물물교환을 한층 수월하게 했다. 셰켈의 무게는 11.42g으로, 큰 거래에는 금과 은을 사용했다. 성경에도 아브라함이 아내 사라를 위한 묘지를 살 때 화폐 단위로 '셰켈'을 사용했음이 나온다. 이스라엘은 지금도 화폐 단위로 셰켈을 쓴다. 성경에 등장하는 단위를 그대로 가져다 쓴 것인데, 히브리어로 '물건을 달다'라는 의미이다.

중국과 아프리카 등에서 송아지, 소금, 조개껍데기 등을 화폐로 쓸 때 유대인들은 벌써 금괴와 은괴를 사용했다. 금괴의 단위도 만들었다. 금괴 25kg가 1달란트, 1달란트는 60미나, 1미나는 60셰켈이었다.

이렇듯 셰켈은 인류 최초의 화폐이자 가장 오래 쓰이고 있는 화폐 단위다.

원래 셰켈은 바벨론과 가나안 지역을 포함한 서아시아에서 통용되던 무게의 기본 단위였는데, 후대에 와서 화폐를 가리키는 은화의 이름이 되었다(창 23:16; 24:22; 출 21:32; 30:23; 민 7:13). 은화로 주조된 이스라엘의 '셰켈'화는 성전 셰켈, 일반 셰켈, 궁중 셰켈 등 세 종류가 있었다. 무거운 셰켈이라고도 불린 궁중 셰켈은 약 13g의 은화였다.

유대 율법에 의하면 유대의 20세 이상의 남자는 일 년에 한 번씩 반 셰켈의 성전세를 낼 의무가 있었다(출 30:13-16). 예수님은 베드로에게 한 셰켈로 성전세를 내라고 말씀하셨다(마 17:21).

미래를 읽은 소그드 상인

실크로드의 주역, 소그드 상인의 모습

고대 중앙아시아에서 실크로드의 상권을 실질적으로 지배하고 있던 사람들은 이란계 민족인 소그드 상인Sogdiana merchants이었다. 그들이 사용하던 소그드어는 국제 통용어이기도 했다. 그들은 단순히 교역 활동에만 종사한 것이 아니라 동서양 문명 교류라는 시대적 흐름을 파악하고 이를 능동적으로 중개하고자 했던 상인이었다.

소그드 상인들은 오아시스 비단길의 교통 요충지를 근거지로 삼아 유라시아 동쪽에서 서쪽의 비잔틴제국까지 자신들의 발자국을 넓게 새겨놓았다. 페르시아 상인이나 아랍 상인과는 사뭇 달랐다. 소그드 상인정신을 한마디로 표현하면 이렇다.

> "한 푼의 이익을 가지고도 서로 다투며, 이익이 나는 장사라면 가지 않는 곳이
> 없다."

상인정신이 투철했던 소그드인들은 아이들이 태어나면 달콤한 언어를 구사하도록 입에 꿀을 발라줬으며, 한 번 쥔 돈은 절대 새나가지 않게 손에 아교를 발라주었다고 한다. 그들은 물건을 거래하기 위한 의사소통에 필요한 방언에도 능했다.

누구든 4차 산업혁명 시대에 부자가 되고자 한다면 이처럼 창의적이고 강력한 소그드의 상인정신이 필요하다. 소그드의 상인정신을 갖춰 비즈니스를 한다면 거부, 거상이 되기에 수월할 것이다. 이러한 투철한 마인드는 부의 계단에 오르기 위한 가장 중요한 역량이다.

최초의 종이돈과 소금의 가치

초기 중국의 주화는 작은 청동 칼과 청동 삽이었다. 또, 가운데 구멍이 뚫린 작은 청동을 주화로 사용했다. 그러나 유목인이었던 몽골인은 금속 주화보다 휴대하기 훨씬 쉬운 종이 지폐를 사용했다.

쿠빌라이 칸

중국 원나라를 세운 몽골 황제이자 징기스칸의 손자인 쿠빌라이 칸Khubilai khan, 1215~1294[2]은 13세기에 뽕나무 나무껍질을 종이 같은 것으로 만들어 나라 전역에서 화폐로 사용했다. 몽골은 세계 최초로 종이돈을 쓴 민족이다.

이 내용은 아시아를 여행하고 돌아온 이탈리아 탐험가 마르코 폴로마르코 폴로Marco Polo, 1254~1324의 책 〈동방견문록〉에 기록되어 있다.

---

2   쿠빌라이는 몽골어로 '좋은 진흙, 좋은 땅'을 뜻한다. 그는 어려서부터 어질고 밝고 현명한 성격이었으며, 영특하고 슬기로웠다.

또, 소금은 예부터 귀한 재료여서 화폐를 대신하는 중요한 역할을 했다. 인도 타말족 격언 중에는 "아버지의 가치는 죽고 난 뒤에 알고, 소금의 가치는 없어지고 난 다음에 안다"라는 말이 있다. 우리 속담에도 "소금은 열두 가지 반찬을 만든다"라는 말이 있을 정도로 소금을 보배로운 식품으로 여겨왔다. 고대인은 소금을 '변함없는 우정, 성실, 맹세'의 상징으로 여겼다. 유대인에게 소금은 '언약'의 상징으로, '변치 않는, 불변의'라는 의미다. 그래서 예배 시 신에게 소금을 바쳤고, 바치는 짐승의 고기는 짜게 하였다. 그들은 토지를 비옥하게 만드는 데 소금을 비료로 사용하였다.

고대에는 소금이 생산되는 지역이 무역의 중심지가 되기도 했다. 고대 이집트에서는 미라를 만들 때 시체를 소금물에 담갔으며, 소금이 물건의 부패를 방지하고, 불변으로 만드는 힘이 있다고 믿었다.

고대 로마에서는 병사들의 월급을 소금으로 주었다. 일을 하고 받는 대가인 '급여, 봉급'을 뜻하는 영단어 '샐러리salary'는 '병사에게 주는 소금돈'이란 뜻의 라틴어 '살리리움salarium'에서 유래했다. 고대 그리스인은 소금을 주고 노예를 샀으며, 심지어는 소금을 얻기 위하여 자기 딸을 판 예도 적지 않았다고 한다.

기원후 6~7세기까지 작은 어촌이자 물의 도시로 불린 이탈리아 베네치아가 10세기 이후에 풍족한 해상도시로 번영한 까닭은 가까운 해안에서 산출되는 소금을 지중해 동쪽의 여러 나라에 팔고, 그것으로 얻은 이국의 산물을 유럽에 팔아 큰 이익을 얻었기 때문이다.

세계 경제의 기원도시

- 지중해를 장악한 장사꾼

기원전 1,300년경, 당시 매우 창조적이며 진취적인 민족들은 지중해 지역 가까이서 함께 살고 있었다. 이들은 누구였으며, 어떤 사람들이었을까? 이들은 태생적으로 사고방식이 절대 봉건주의에 얽매이지 않고 자유로웠고, 진보적이고, 개방적이었다. 인간에게는 자유로운 삶이 중요하다고 생각했고, 진취적인 기상으로 개척에 대한 도전의식을 갖고 있었다. 그래서 이들은 '진취적인 사람들'로 불리어진다. 특히 부富를 축적하기 위해 일찍부터 지중해로 눈을 돌렸다.

역사에서 말하는 지중해 주변은 어떠했을까?
구약성경을 보자.

"다시스의 배들이 바다를 건너 너의 물품들을 실어 날랐다." (에스겔 27:25)

여기서 '다시스'는 오늘날의 스페인 남부를 의미한다. 이들은 소금, 포도주, 말린 생선, 실삼나무, 소나무, 백향목, 금속 제품, 유리, 금, 철, 자수품, 고운 아마포, 유명한 티레산 자주색 염료로 물을 들인 옷감 등을 거래하였다. 또 예언자 에스겔은 이렇게 전한 적이 있다.

"스페인이 너와 무역을 하였다. 그들은 은과 쇠와 주석과 납을 가지고 와서 너의 물품들과 바꾸어 갔다." (에스겔 27:12, 새번역)

그렇다면 고대 최고의 장사꾼은 누구였을까?

고대의 지중해에서 해상무역의 배를 건조할 수 있는 조선기술과, 배를 운항하는 항해술, 여기에 바다 전체를 볼 수 있는 지표 능력을 갖추어 지중해의 상권을 장악했던 상인들은 누구였을까? 혹 떠오르는 장사꾼이 있는가?

이들은 고대 최고의 상술을 갖춘 전문가들이었고, 그 덕에 부富를 축적할 수 있었다. 이 상인들은 장사를 통해 돈을 벌 수 있는 모든 요건을 다 갖추고 있었다.

위 세 가지 질문의 공통된 민족은 바로 고대 페니키아인이었다. 그들의 조선기술, 즉 전투 목적으로 만든 전투선과 수송선 그림을 보면 이를 알 수 있다.

강력한 해상 페니키아 전투선은 선수가 뾰족하고 선미는 꼬리 모양으로 되어 있다. 특히 선수 하부에 예리한 충각ram을 가지고 있었다. 고대 해전은 배를 서로 맞붙여 놓고 적선에 기어올라 백병전을 치르든지, 적선의 옆구리를 충각으로 찔러 침몰시키는 두 가지 전술로 싸웠다. 그러므로 고대 전투선은 모두 선수에 충각을 가지고 있었다.

이러한 충각은 우수한 조선기술과 항해술이 뒷받침된 결과다. 그렇기에 페니키아인은 지중해 전역을 장악하여 해상교역을 석권할 수 있었다. 당시

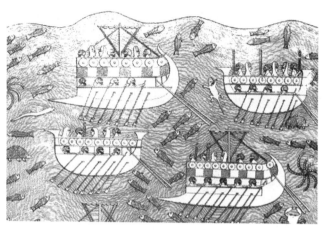

고대 전투선과 수송선[3]
페니키아는 고대 가나안 북쪽에 근거지를 둔 고대 문명국가였다.

지중해를 '페니키아의 호수'라고 말할 정도였으니 말이다.

페니키아는 기원전 3,000년 무렵에 페니키아인이 시리아 중부 지방에 건설한 도시 국가를 통틀어 이른다. '페니키아'라는 말의 원래 뜻은 명확하지 않아 자주색 염료를 가리킨다는 설도 있고, 향신료 종류나 대추야자나무 열매를 가리킨다는 설도 있다. 대체로 이들은 유능한 선원이자 상인으로 널리 알려진다. 앞서 설명한 뛰어난 항해술로 최고의 번영을 누렸음은 물론이다.

---

3   이미지 출처: 구글
     http://news20.busan.com/content/image/2011/02/01/20110201000031_0.jpg

- 가장 비옥한 땅 '가나안'

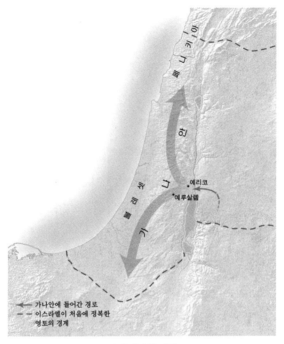

고대 가나안 지역

　고고학 발굴에 의하면 인류 최초의 도시는 비옥한 땅으로 불렸던 가나안Canaan에 세워졌다. 성경에 보면 '팔레스티나'의 옛 이름이다. 이스라엘이 입주하기 이전에는 가나안 사람들이 살았고, 대체로 요단강 서쪽 지역을 가리킨다.

　이 가나안 땅은 성경에 따르면 아름답고 광대한 땅(출 3:8), 젖과 꿀이 흐르는 땅(출 3:17, 신 6:3), 아브라함에게 주기로 약속된 땅이었다(창

12:7). 즉 가장 비옥하며 이스라엘 최대의 곡창지대를 형성하고 있는 땅이었다.

'가나안'의 어원은 분명치 않으나 '자줏빛 땅' 혹은 '낮은 땅'이라고 한다. 이 가나안 지역은 이전부터 자줏빛 염료와 직물 무역이 발달하여 다른 민족으로부터 '상인의 땅'으로 불렸는데, '가나안'이라는 이름이 여기서 나왔다고 전해진다.

고대 가나안은 그리 풍요로운 곳이 아니었다. 활량하고 메마른 광야였다. 그런데 왜 비옥한 곳이라고 표현했냐면, 가나안에는 인간이 살아가는 데 꼭 필요한 몇 가지 조건이 준비되어 있었기 때문이다. 바로 물과 식량, 소금이었다. 생존을 위해서는 인류가 물가 근처, 식량과 소금을 구할 수 있는 범위 내에 모여 살아야 했다.

비옥한 가나안 땅의 사람들.
가나안은 '사람과 물자가 흐르는 땅'이었고,
경제적인 의미에서는 분명 '젖과 꿀이 흐르는 땅'이었다.

소금과 국가의 탄생

인류 문명의 4대 발생지인 이집트, 메소포타미아, 인더스, 황하 문명에서는 모두 농사짓기가 가능했다. 해당 문명들은 그 주변의 소금이 나는 강하류에서 발원하였다. 인류 최초 문명인 수메르 문명도 밀농사가 가능하고 주변 지하수에서 소금물이 올라오는 유프라테스 강과 티그리스 강 하류에서 시작되었다. 동물들은 몸에 염분이 포함되어 있어 따로 소금을 섭취할 필요가 없었지만, 인간의 경우 수렵 대신 농사를 짓게 되면서 생리적으로 소금이 필요했다.

이스라엘에는 '사해'라는 이름이 붙은 호수가 있다. 사해에는 강물이 들어오는 곳은 있지만, 나가는 곳은 없다. 그럼에도 일 년 내내 엄청난 양의 물이 들어와 주변을 소금기 있는 땅으로 만든다. 당연히 사해에서는 생명체가 살 수 없어 '죽음의 바다'라고도 불리는데, 일반적인 바다의 염분 농도가 3.5%라면, 사해는 자그마치 25%의 농도를 띤다. 일반 바닷물보다 7배 이상 짠 셈이다. 지구상에서 호수의 수면이 가장 낮은 지역으로 사막 한가운데에 있다. 너비는 남북으로는 67km, 동서로는 18km에 이른다.

인간이 최초로 모여 살며 도시를 이루었던 황야에서는 인간에게 없어서는 안 될 소금 거래가 활발히 이루어졌다. 인류는 소금 바다 옆에 세계 최초의 도시를 건설했다. 황하 문명보다 훨씬 앞섰던 신석기 시대의 고고문화인 홍산문화紅山文化 역시 그 주변에 염수가 있어 탄생이 가능했다.

이처럼 고대 경제사를 조금만 추적해 보면, 문명의 탄생뿐 아니라 도시와 국가의 탄생도 소금과 깊은 관계가 있었음을 알 수 있다.

고대에는 소금이 있는 곳이 풍요로운 경제지로 형성되었다. 반면 현대 사회에서는 고대의 소금에 해당하는 경제 금융지식과 정보, 관계 등을 모르고서는 절대 부를 확대할 수 없다. 앞으로의 사회에서는 금융지식이 곧 경쟁력이다. 금융지식이 부족하면 경제, 노후, 나아가 이 모든 것을 포괄하는 삶까지도 빡빡해질 수밖에 없다. 부를 누리기 위해서는 누구든 고대의 소금처럼 꼭 필요하면서도 기초적인 가치들이 무엇인지를 필히 파악해 두어야만 한다.

바벨론 부자 아카드의 돈 버는 지혜

바벨론은 온갖 보물로 가득한 세계에서 가장 부유한 고대도시였다. 바벨론 제국이 큰 풍요를 누렸던 것은 그 시대를 산 상인과 금융인의 지혜 덕분이었다.

당시 바벨론의 최고 부자는 아카드Akkad였다. 바벨론 제국의 왕 사르곤Sargon은 부자 아카드를 궁으로 불러 물었다.

> "자네가 정말로 이 바빌론에서 가장 부자인가?"
>
> "폐하, 제가 알기로는 그렇습니다."
>
> 다시 사르곤 왕은 물었다.
>
> "어떻게 그처럼 부자가 될 수 있었나?"
>
> 아카드는 부자가 된 비결을 이렇게 말했다.
>
> "폐하, 기회를 이용한 덕분입니다. 물론 그 기회가 제게만 찾아온 것은 아니었습니다. 바빌론의 모든 시민에게도 찾아온 기회를 저는 놓치지 않을 뿐입니다."

바빌론 최고의 부자 아카드는 지갑을 두툼하게 만드는 비결로 6,000년 동안 전해 내려오는 '돈 버는 지혜, 돈을 지키는 지혜, 돈으로 돈을 버는 지혜'를 알려주었다.

바빌론의 부자 아카드에게는 아무리 돈을 펑펑 쓰더라도 그의 지갑을 채워줄 황금 물줄기가 있었다. 여기서 황금 물줄기란 '돈으로 돈을 버는 법'을 말한다. 이는 아카드가 부자가 된 법칙이기도 하다.

그래서 나도 일찍이 바벨론의 부자 아카드가 밝힌 돈 버는 방법 7가지를 수업에서 가르쳤다. 아카드를 최고 부자로 만들어 주었던 7가지 기술을 곧장 실천에 옮기었던 사람들은 모두 부를 확장하는 데 성공했다.

〈바벨론 최고 부자 아카드가 알려주는 부자가 되는 지혜 7가지〉

1) 일단 시작하라

2) 지출을 관리하라

3) 돈을 굴려 늘려라

4) 돈을 지켜라

5) 당신의 집을 가져라

6) 미래의 수입원을 찾아라

7) 돈 버는 능력을 키워라

무일푼으로 시작하여 바빌론 최고 부자가 된 아카드가 꼽은 투자의 제1원칙은 원금의 안정성이었다. 또, 자신을 부자로 만들어 준 네 번째 비결이자 법칙은 바로 '돈을 지켜라'였다.

대부분의 투자 실패는 원금의 상실에서 온다. 힘겹게 모은 돈은 신중히 생각하고 분석하여, 안전성이 보장되는 곳에 투자해야 한다. 대부분은 자신의 지식, 경험, 판단을 지나치게 과신해 투자한 다음 큰 손실을 본다.

또 아카드는 여섯 번째 부의 지혜로 '미래의 수입원을 찾으라'고 조언했다. 미래에도 지속적으로 안정된 삶을 보장해 줄 수 있는 확실한 투자 계획을 세워야 한다.

아카드의 마지막 일곱 번째 부의 지혜는 '돈 버는 능력을 키우는 것'이다. 부자는 하루아침에, 한 방에 되는 것이 아니다. 자산도 하나씩 배워가며 늘려가야 한다. 일단, 지금 종사 중인 직업에서 최고가 되도록 노력한다. 필요한 자격과 역량을 꾸준히 개발하자. 그러면 자신이 가진 능력의 가치가 올라 돈 버는 능력도 자연스레 키워지고, 돈도 자연스럽게 더 모인다. 아키드는 말했다.

"일을 즐겨라, 그러면 돈은 소리 없이 당신을 찾아온다."

아카드는 아들에게도 부자가 되는 지혜를 알려주었다. 그 위대한 비밀은 아래 한마디였다.

"수입의 10분의 1을 떼어서 유망한 사업에 투자하라."

아카드의 아들은 아버지의 가르침대로 수입의 10분의 1을 떼어서 다른 곳에 투자하였다. 결국 그 역시 상당한 재산을 모은 부자가 되었다. 이유는 간단하다. 돈이 돈을 벌어주었기 때문이다.

이처럼 큰 부자의 부의 첫 삽도 작은 한 푼에서 시작된다. 당신도 부자가 되고 싶다면, 지금 수입에서 일정한 부분을 떼서 안전한 곳에 투자하면 된다. 아무것도 하지 않을 때보다 더 빠르게, 큰돈을 벌 것이다.

아카드는 아들에게 부자가 되는 '황금의 5가지 법칙'도 알려주었다.

〈부자가 되는 황금법칙 5가지〉

제1법칙- 수입의 1할 이상을 꾸준히 저축하라.

제2법칙- 황금을 안전한 곳에 투자하라.

제3법칙- 지혜와 경험을 갖춘 사람의 조언을 받아라.

제4법칙- 본인이 모르거나 경험이 없는 곳에 절대 투자하지 마라.

제5법칙- 일확천금이나 사기꾼의 감언이설, 자신의 미숙함 등으로 욕망에 사
　　　　 로잡히지 마라.

[알아보기] 풍요를 누렸던 도시 '바빌론'

바빌론 민족은 예술에서도 뛰어난 능력을 지녔었다. 조각, 회화, 조술
과 세공술에서 탁월한 솜씨를 보여주었다. 금속으로 무기와 농기구도
만들었다. 또, 금융가며 상인이었다. 교환 수단으로 돈과 어음 제도를
발명하고, 재산권을 문서로 기록한 최초의 민족이었다. 한마디로 어엿
한 문자를 지닌 최초의 금융인이었다.

◆ 고전 불멸 부의 지혜 ◆

미국의 사업가며 작가인 조지S. 클래이슨(George Samuel Clason)
은 책 〈바빌론 부자들의 돈 버는 지혜〉에서 돈을 벌어 부자가 되고 싶
은 사람이라면 평생 신조로 삼아야 할 대원칙을 제시한다. 바빌론이
몰락하고 5,000년이 지난 지금도 여전히 바빌론 부의 법칙은 불멸의
부의 지혜다.

💰 "돈이 되는 금융경제 공부습관"

» 더 생각해 볼 주제

부의 행운

여러분은 행운이 무엇이라 생각하는가?

나는 행운조차도 노력 없이는 얻을 수 없다고 본다. 행운을 자신의 것으로 만들기 위해서는 기회를 이용할 줄 알아야 한다. 기회를 잡은 사람에게만 행운이 찾아온다. 그런데 그 기회는 행동하는 사람에게 주어진다.

기억하자. 행운의 여신은 행동하는 사람을 더 좋아한다는 것.

» 바빌론 사람들이 돈 버는 지혜 3가지

1) 일하는 분야에서 최고가 되어라.
2) 열심히 성심껏 일하라.
3) 체면을 생각하지 마라.

손에 잡히는 머니 감수성

"문명은 생활을 불편하게 하지만,
금융 문명은 생존을 불가능하게 만들기 때문에 더 무섭다."

- 전 미국 연방준비제도이사회 의장, 앨런 그린스펀

머니 감수성 훈련

고대 로마 시대에도 장외 주식거래가 있었다는 사실을 아는가?

이미 수천 년 전부터 부를 증식하고자 하는 인간의 욕구는 존재했다. 1610년에는 네덜란드 암스테르담에 증권 거래소가 설립되었다. 금융업이 특히 성장했고, 고위험 고수익 성향이 강한 선물거래future trading[1]가 대중화되었다.

17세기 유럽에서는 1인당 국민소득이 가장 높았던 네덜란드인들이 자본주의에 부를 안겨줄 대상으로 튤립을 선택했다. 그 당시 희귀한 튤립 한 송이는 암스테르담 집 한 채와 값이 맞먹었다. 1634년에는 프랑스인들도 튤립 투기에 가담하였고, 전 세계는 튤립 투기 시장이 되었다. 결국 인간의 부의 욕구가 튤립 투기에서 '튤립 파동'[2]까지 이어졌다.

이제 〈탈무드〉에 나오는 유대인과 알렉산더 대왕 이야기를 통해 세계적으로 부유한 유대인들이 갖고 있는 진정한 부의 의미를 탐구해 보자.

알렉산더 대왕이 유대인의 나라 이스라엘에 왔을 때의 일이다.

어떤 유대인이 대왕에게 정중히 물었다.

"대왕께서는 우리가 가지고 있는 금과 은을 갖고 싶지 않으신지요?"

---

1   미래의 일정 시점을 인수 인도일로 정하여 정한 가격에 사고팔기로 약속하는 계약이다. 현재 시점에서 계약하지만 미래의 가치를 사고파는 것이다.
2   17세기 네덜란드에서 벌어진 과열 투기 현상으로, 최초의 거품경제 현상으로 인정되고 있다.

그러자 대왕이 대답했다.

"나는 금과 은 같은 보화는 많이 가지고 있어서 조금도 욕심나지 않소. 다만 당신 유대인들의 오랜 전통과 부의 정의가 어떤 것인지를 알고 싶을 뿐이오."

그때, 알렉산더 대왕이 머물고 있는 곳으로 한 남자가 다가와 말을 걸었다. 내용인즉, 한 사람이 다른 사람으로부터 밭을 샀는데 그 밭 속에서 많은 금화가 발견되었다는 것이다. 그래서 그는 밭을 판 원래 주인에게 말했다.

"나는 밭을 산 것이지 금화까지 산 것은 아니니, 이 금화는 마땅히 당신 것이오."

그러자 밭을 판 원래 주인은 말했다.

"나는 당신에게 밭을 판 것이니, 그 속에 들어 있는 것도 모두 당신 것이오."

유대인이 말했다.

"이럴 경우 우리 유대인들은, 각기 딸과 아들이 있으면 그 두 사람을 서로 결혼시킨 뒤 그 금화를 그들에게 물려주는 것으로 해결하는 것으로 판정합니다."

그러고는 알렉산더 대왕에게 물어보았다.

"대왕님의 나라에서는 이런 경우 어떤 판결을 내리십니까?"

그러자 알렉산더 대왕은 아주 간단하게 답했다.

"이런 경우 우리나라에서는 두 사람을 모두 죽이고 내가 금화를 갖지요. 이것이 내가 알고 있는 '돈의 정의'요."

위 이야기를 읽었다면 누구나 유대인에게 돈의 가치가 어떤 것인지를 알 수 있다. 당시 모든 것을 가졌던 그리스 제국 사람들에게 돈의 가치란 돈을 지닌 사람을 모두 죽이고 금은보화를 자신이 먼저 챙기는 것이었다. 반면 지혜로운 유대인들은 금은보화가 아닌 사람을 택하였다.

이렇듯 자본주의 사회에서 돈의 정의는 사람마다 다르다.

이 이야기에서 당신은 어떤 정의를 선택할 것인가?

성공의 가치를 어디에 두고 살아가는지, 살아갈 것인지를 아래서 선택해
보라.

( )　　　　　　　　　　　( )

자산을 늘려주는 핫한 비밀

큰 부자들의 특징이라면 시대의 경제 흐름을 읽는 안목이 뛰어났고, 순간의 선택과 결단에 능했다. 중국 삼국지에 나오는 조조曹操, 155~220의 비상한 통찰력과 때를 놓치지 않는 결단력은 그를 난세의 절대 영웅으로 불리게 했다. 그는 정치, 군사뿐만 아니라 문학 방면에서도 뛰어난 업적을 남겼다. 전쟁 중에도 꾸준히 책을 읽고 사색하며 많은 글을 썼다. 낮에는 군사 전략을 궁리하고 밤에는 유교 경전을 읽으며 사색에 잠겼다. 시를 읊조렸고 서예와 장기에도 능했다. 그래서 조조는 문학가로도 불린다.

옛 현인들은 공부에 두 가지 종류가 있다고 하였다. 하나는 배워서 아는 것이고, 다른 하나는 모르는 것을 찾아내는 방법을 배우는 것이었다. 자본주의 사회에서 부자가 되는 방법은 지출을 줄이는 것과 번 돈의 일부를 저축하거나 투자하는 습관을 들이는 것이다. 다시 말해 꾸준히 돈 공부를 하는 사람이 되어야 경제에 눈이 뜨여 부자 될 기회를 더 많이 포착하고, 돈 벌기도 더 수월해진다.

자본주의 사회에서는 누구나 부자가 되고 싶어 한다. 자본주의 자체가 돈을 기반으로 움직이는 체제기 때문이다. 돈은 경제중심 사회를 지탱하는 기본 단위이자 요소다. 돈의 흐름을 이해하는 것은 경제 자체를 이해하는 일이다. 경제를 모르면 돈을 모을 수도, 자산을 늘릴 수도 없다. 금융 지식이 곧 돈이 되므로 평소 꾸준히 경제 공부하는 습관이 중요하다.

돈을 벌려는 이유가 무엇인가

자본주의 사회에서는 돈에 의해 모든 것이 흔들린다. 심하게는 영혼까지 흔들려 온통 돈을 모으는 일과 굴리는 일에 집중하는 돈의 노예로 살기도 한다. 인문학적 삶은 뒷전이 된다. 그런데 정작 돈의 가치를 잘 아는 사람은 맹목적으로 일만 해 돈을 벌지 않는다. 자신이 좋아하는 일을 선택한 다음 놀이하듯 일한다. 돈은 자연스럽게 따라온다.

"돈이 삶의 전부다!"라고 말하는 사람도 숱하게 많다. 고급스러운 집, 비싼 차, 고가의 보석, 호화로운 여행, 마음껏 쓸 수 있는 현금이 든 통장이 중요할 수도 있다. 돈의 의미와 가치에 위와 같은 것들도 있지만 전부는 아니다. 나에게 있어 머니는 세상을 멋지게 돌아가게 하는 수단이다.

경제지 〈포브스〉에 따르면, 억만장자들의 기부금이 가장 많다고 한다. 세계 최고 부자들은 돈을 많이 벌뿐만 아니라 수익 중 가장 많은 부분을 기부하는 데 쓴다. 그들은 돈을 벌고, 다시 새로운 세상을 창조하는 데 많은 돈을 투자한다. 돈을 버는 이유도 기부하고 나누기 위해서다. 부자가 되어야 하는 진정한 이유에 관한 정말 멋진 명제다.

이쯤에서 다시 부wealth를 정의해 보자. 자본주의 사회에서 부는 현금, 유가증권, 저축, 투자, 부동산, 특허자격, 물질적인 재물 등을 뜻한다. 하지만, 단어 부富, wealth: 번영, 복지, 행복는 행복을 뜻하는 고대 영어 'weal'과 상태를 뜻하는 'th'에서 유래했다. 즉, 돈으로 '행복한 상태'를 유지하는 것이다. 그러므로 부富란 '행복'이라는 말도 맞다. 작든 크든 그 행복을 위해서는 돈이 필요하다는 말도 맞다.

영국 작가 토마스 스탠리Thomas Stanley는 많은 억만장자가 어떻게 부자가 되었는지를 조사했다. 조사 결과, 전 세계 1세대 억만장자의 80퍼센트가 자수성가한 사람이었다. 그들이 돈을 벌 수 있던 첫 번째 요인은 강한 마인드였다. 돈과 마인드는 결코 별개가 될 수 없다.

미국의 백만장자 사업가이자 〈부의 추월차선〉의 저자인 엠제이 드마코 MJ DeMarco는 남의 밑에서 일하는 월급쟁이로는 부자가 되기 어렵다고 말했다. 부를 간절히 원하는 사람은 자신만의 투자를 시작해야 한다고 말했다. 드마코는 진정한 부의 3요소로 가족Family, 신체Fitness, 자유Freedom를 들었다. 이 '3F'를 이루기 위해서는 무엇보다 시간을 가치 있게 활용해야 한다. 사람들이 "시간이 없다"며 부자가 될 수 없다는 핑계를 대지만, 꼼꼼한 시간 관리는 진정한 부의 원동력이다.

나는 일찍이 책 〈직업진로 생존법〉, 〈부자마인드〉를 통해 역사상 가장 많은 돈을 번 사람들의 공통 특징을 소개했다. 그 부자들은 마인드가 달랐다. 크고 명확한 목표의식을 가졌고, 처한 환경에 관계없이 자신도 큰 부자가 될 수 있다는 긍정의 열망을 품었다. 또, 가장 중요한 것, 그들은 돈이 자신을 위해 일하도록 만들었다.

조 단위 돈을 버는 세상

로또복권 1등 당첨 확률은 8,145,060분의 1이라고 한다. 물론 그럼에도 불구하고 1등 당첨자는 나온다. 2019년 기준 세계 백만장자의 수는 약 5천 만 명이다. 그런데 이 부자들의 특징은 8,145,060분의 1의 확률을 기다리지 않고 창의적이며 열정적으로 일해 부를 만들어 냈다.

요즘 경제는 빠르게 흐르고 급격한 변화를 보인다. 돈이 퍼져 나가는 속도 또한 빨라졌다. 그래서 부자가 되려면 돈이 흐르는 방향으로 같이 움직여 줘야 한다.

투자의 귀재로 불리는 조지 소로스George Soros, 1930~는 헝가리계 미국인으로서 금융인이자 투자가이다. 세계적인 헤지펀드 회사인 '퀀텀 펀드'의 창립자이기도 하다. 그는 1992년 9월 16일, 단 하루 동안 1조 원을 벌었다. 메타 플랫폼스페이스북를 창업한 마크 저커버그Mark Zuckerberg, 1984~는 2011년 한 해만 11조원을 벌었다. 특별한 경우이긴 하지만, 이제는 조 단위 돈도 벌 수 있는 세상이 되었다.

경제의 특징을 한마디로 말하면 돈이 움직이고 교환되며 구석구석까지 흐른다는 것이다. 만약에 돈을 벌어서 쓰지 않고 땅 속에 묻어둔다면, 돈의 흐름은 크게 둔화되고, 경제 성장도 둔화될 것이다. 이러한 현상을 '절약의 역설Paradox Of Saving'이라 부르는데, 미국 경제학자인 존 메이너드 케인스John Maynard Keynes, 1883~1946가 처음 주장한 말이다. 즉, 경제가 힘들다고 모두가 소비는 하지 않고 저축만 하면 경제 성장이 둔화된다. 저축도 필요하지만 적극적인 투자도 반드시 필요한 이유다.

수입의 일부를 저축하는 것은 재정 상태를 유지하기 위한 노력의 일부이다. 하지만, 금융기관을 통한 저축만으로는 큰 부자가 될 수 없다. 본래 돈의 속성이란 여기저기로 흐르고 이동하게 되어 있다. 돈은 통화이자, 흐름이자, 교환이다. 여기서 더 나아가 특별히 돈이 나를 위해 흐르도록 통화를 다스려야 한다.

헤지펀드의 대부 투자가 조지 소로스가 말하는 '재귀성 이론Refexity theory'을 보면, 사람들은 상황이 나쁠 때 상황을 더 나쁘게 생각하고, 좋을 때는 더 좋게 생각하는 경향을 가지고 있다. 재귀성은 원인과 결과 사이의 순환 관계로 서로에게 영향을 준다.

재귀성 이론은 현실과 대중의 지배적 편견과의 괴리에서 출발한다. 주식 시장은 기업 재무제표나 영업 이익, 경기 전망 등에 의해 영향을 받기도 하지만, 투자자들의 지배적인 편견에 의해 영향을 받기도 한다.

경제학에서 재귀성은 시장 심리와 그것이 야기하는 현실의 자기 강화적 효과다. 즉, 물가가 오르면 더 오르기 전 사려는 매수자가 생기고, 수요할 매수자가 생기면 물가는 더 높이 올라간다.

금융경제 까막눈

한국은 세계 경제 규모에서 10위를 차지할 정도로 변화를 빠르게 따라가고 있다. 그런데 이에 비해 국민들의 금융 이해력은 낮은 편이다. 통계에 따르면 여전히 한국인들의 금융 지식이 부족하다는 의견이 지배적이다. 금융경제에 까막눈이어서는 결코 부를 이룰 수 없다.

사회에 첫발을 내딛는 청년과 은퇴자들, 주부와 청소년들에게 다음의 금융경제 교육이 필요하다. 목돈 마련을 위한 저축법, 주택 마련 전략, 부동산 투자, 평생자산이 되는 신용 부채 관리, 주식과 증권 이해, 암호화폐 경험, 보험 가입, 금융 투자 상품 거래 시 유의사항, 금융사기 예방 등의 실질적인 금융 교육 말이다.

금융을 열심히 공부해야 하는 이유는 치열하게 일해서 받은 월급을 잘 관리해 더 큰 가치로 불리는 것이 매우 중요하기 때문이다. 금융경제 까막눈으로는 돈을 벌 수도, 노후 경제적 자유로움을 누릴 수도 없다.

더더욱 앞으로의 사회는 금융 문맹들이 감당하기 어려운 사회다. 금융경제를 모르고 머니 감수성이 없으면 없을수록 더 퍽퍽하고 고된 인생을 살아야 한다. 그러니 제발 서둘러 금융경제 공부습관을 쌓아 머니 감수성을 키우길 바란다.

백만장자 사업가이며 발명가인 엠제이 드마코는 원래 아무것도 가진 것없던 빈털터리 청년이었다. 그런데 30대에 억만장자가 됐다. 그는 자신의 베스트셀러 〈부의 추월차선〉에서 가장 빨리 부자가 되는 법을 한마디로 알려주었다.

"부를 얻기 위해서는 내가 일하지 않는 시간에도 돈을 벌어다 줄 수 있는 사업과 시스템을 만들어야 하며 그것이 바로 부자가 되는 추월차선이다."

드마코가 말하는 부의 추월차선, 부자가 되는 길에는 언제나 위험과 희생이 따른다. 하지만 그 과정을 견뎌내는 소수는 부자가 될 수 있다. 그의 조언처럼 누구든 돈에 쪼들리지 않고 생활하려면 추월차선의 법칙을 배워 삶에 적용해야 한다.

부의 황금기는 지금이다. 조금이라도 일찍 금융경제 학습을 해서 지각 있고 건강하고 생기 넘치는 나이에 자산을 늘려나가야 한다. 큰 한 방으로는 절대 부자가 될 수 없다. 평소 공부를 통해 자신의 소득을 스스로 통제할 수 있어야 한다. 그러려면 금융경제 배우기를 멈추지 않아야 한다.

지갑을 두툼하게 만드는 비밀

- 날쌘 사냥꾼이 되어 주시하기

속물 같은 질문을 하나 해보겠다.

"돈이 인생의 전부는 아니잖아요?"

이 물음에 답하기 위해 한참을 고민해야 한다면, 이 책을 여러 번 읽기를 바란다. 물론 돈이 인생의 전부는 결코 아니다. 하지만 현실은 그렇지 않다. 경제적 여유가 있어야 작은 것에도 만족할 수 있다. 무엇보다도 경제적 여유가 있어야 꿈을 이룰 수 있다.

자본주의 사회에 살고 있지 않다면 '행복=돈'이 아니라고 말할 수 있다. 하지만 자본주의 사회에서는 인생의 대부분이 곧 '돈'이라고 말할 수 있을 만큼 대부분의 삶을 돈을 벌고 쓰고 굴리는 시간으로 보낸다. 우리는 하루에도 몇 번씩 돈에 대한 고민을 하며 살아간다.

자본주의 사회에서 돈의 노예가 되지 않으려면 반대로 돈의 속성을 이해하고 자산 관리에 능해야 한다. 돈 공부를 빡세게 해야 한다. 그래야 돈의 흐름을 잘 읽고, 더 빨리, 더 많은 새로운 기회를 본다.

"돈이 흘러 다니는 길목을 지키고 앉아 있다가 기회를 엿봐서 재빨리 낚아챈다."

위 유대인의 격언을 접하고 나는 그들이 세계적인 부자가 될 수 있었던 비밀을 눈치챘다. 유대인은 위기나 불황이라는 이유로 필요 이상으로 경제적 활동을 하는 일에 위축되거나 쉽게 포기하지 않는다. 오히려 경제적 어려움과 불황이야말로 돈을 벌어들일 찬스라며 창업과 신규 사업 개척, 투자에 더욱 전념한다. 날쌘 사냥꾼처럼 조용히 길목을 지키고 있다가 먹잇감을 보면 뒤에서 날쌔게 덮친다.

이처럼 돈을 버는 지혜자는 날쌘 사냥꾼이다.

- 진정한 부를 얻는 법

자수성가한 백만장자들에게는 한 가지 공통된 특징이 있다.

그들은 가장 빠르게 큰돈을 벌 흐름을 읽을 줄 알았다. 무엇이 돈이 될지, 무엇을 선택해야 새로운 기회가 올지를 알고 있었다.

사실 비밀이랄 것도 없지만 그냥 비밀처럼 여겨지는 것 같다. 그들은 어떻게 돈의 흐름을 읽게 된 걸까? 이 능력은 새로운 기회를 만들어 보상을 가져다주었다. 그 비법이 무엇이었는지 답은 조금 후 알려주겠다.

미국의 심리학자들이 하나의 실험을 했다. 다양한 음악가들을 모아 청중 앞에서 온갖 종류의 음악을 연주하게 했다. 모든 연주가 끝나고는 청중의 반응을 측정했다. 이 다양한 연주에서 청중에게 큰 반응을 끌어낸 요인은 무엇이었을까? 바로 연주가 아닌 음악가의 열정이었다. 가장 열정적으로 연주한 음악가가 가장 큰 반응을 얻었다. 사람들은 연주 기법이나 훈련된 기술보다 뜨거운 열정에 더 큰 반응을 보였다.

그런데 뜨거운 열정이란 비단 연주자에게만 있는 것이 아니다. 다른 모든 일을 할 때도 중요하게 작용한다. 자신이 선택한 일에 믿음을 갖고 열정적으로 임하면, 생기 넘치는 에너지를 자신의 삶에도 불어넣을 수 있다. 이로 인해 성장 동력인 모멘텀Momentum을 얻는다.

놀라운 사실은 돈 버는 비밀 역시 큰돈을 벌겠다는 강한 동기, 뜨거운 열정에서부터 출발한다는 사실이다. 앞서 거론했던 자수성가한 큰 부자들의 공통된 특징은 남다른 에너지, 확고한 신념, 자신이 선택한 일에 열정적으로 임하는 자세였다. 결국 그 움직임이 많은 돈을 벌도록 만들었다.

미국의 강철 왕 앤드루 카네기Andrew Carnegie, 1835~1919가 빠르게 큰돈을 벌 수 있던 비밀 역시 뜨거운 열정이었다. 그가 알려주는 돈 버는 비밀은 크게 세 가지로 정리할 수 있다.

〈강철 왕 카네기의 돈 버는 비밀 3가지〉

첫째. 가난한 집안의 아들로 태어났기에 남보다 더 부지런히 일하고, 저축했다.

둘째. 어떤 직업이더라도 항상 1인자, 전문가, 최고가 되겠다는 분발과 주인의식을 갖고 임했다.

셋째. 하루하루 반드시 부자가 되겠다는 뜨거운 열망과 기대를 갖고 살았다.

"돈이 되는 금융경제 공부습관"

» 꼭 알아야 할 금융경제 용어

통화

'통화Currency'란, 특정 국가에서 널리 수용되며 유통되고, 일반적으로 사용되는 화폐 시스템이다. '통화通貨'라는 단어는 고대 프랑스어 'Corant활기차게, 열심히, 빠르게 뛰다'와 라틴어 'Currere달리다, 빠르게 움직이다'에서 유래했다.

이 단어는 '흐름의 조건'으로 정의되며, 유동성Market Liquidity이라고도 말할 수 있다. 유동성은 경제학 개념으로 자산이나 채권을 손실 없이 현금으로 전환할 수 있는 정도를 나타낸다.

» 꼭 실천해야 할 지침

시간과 일의 우선순위 세우기

부자들의 특별함은 시간 관리다. 그들은 시간이 막대한 부를 창출할 수 있는 중요한 가치라는 것을 너무 잘 알아서 시간을 매우 엄격하게 활용, 관리한다. 우리 역시 더 많은 돈을 벌기 위해서는 시간과 일의 우선순위를 잘 정리하고 계획을 실천해야 한다.

오늘도 나는 일의 우선순위를 잘 계획해 놓았는지, 하루하루 시간을 알차게 사용하는지 수시로 확인한다. 스스로 시간 계획과 일의 우선순위를 세워놓지 않는다면 다른 사람이 그 시간을 사용해 버릴 것이다.

- 시간과 관련한 나의 결심 적기

» 부자를 만드는 머니 감수성 훈련 3가지

> 1) 부지런함과 저축
> 2) 최고가 되겠다는 집념과 주인의식
> 3) 부자의 열망과 기대

Part 2.

자산을
불리는
부자들의 비밀

부를 꿈꾸는 법 배우기

"길을 아는 것과
그 길을 걷는 것은 분명히 다르다."

- 영화 〈매트릭스〉 중, 모피어스의 명대사

새로운 변화 즐기기

미국의 비폭력주의 흑인 인권운동가 마틴 루터 킹 주니어Martin Luther King Jr. 1929~1968는 "사람을 판단하는 궁극적인 척도는 그가 안락하고 편안한 시기에 있을 때가 아니다. 도전과 논란의 시기에 서 있을 때다"라고 말했다.

흔히 사람들은 자신의 인식을 바꿔 미래의 삶에 더 나은 영향을 끼치고 싶어 한다. 가능하다. 누구나 인식 업데이트를 통해 자신의 미래를 새롭게 만들 수 있다. 그러려면 도전적 과제를 넘어 혁신을 취해 행동해야 한다. 그래야 진정한 성장이 이루어진다.

수천 년 전, 인류의 조상은 매우 위험하고 다양한 도전에 직면해야 했다. 그들은 생존을 위해 놀라운 적응력을 갖추고, 온갖 고난 안에서도 진화하여 살아남아 계속 발전해 왔다.

이 같은 진보에 힘입어 오늘날 우리는 더 깊고 넓은 번영을 누리고 있다.

요즘도 나는 줄기차게 독서 인문학 운동을 펼친다. 이를테면 '가정 내 서재, 사내 도서관, 하루 30분 독서카페, CEO 독서클럽, 북텔러, 손에 책 들고 다니기, 월 1권 독서 나눔' 등을 즐긴다. 이러한 생활 독서 실천은 부의 역량을 가장 빠르게 키우게 한다.

'적자생존適者生存, Survival of the fittest'은 1864년 영국의 철학자인 허버트

스펜서Herbert Spencer, 1820~1903에 의해 제창되었고, 진화론자 찰스 로버트 다윈Charles Robert Darwin, 1809~1882이 〈종의 기원〉에서 사용했다. 새로운 변화와 흐름을 수용하고 적응해야 살아남을 수 있다는 뜻이다.

이처럼 이미 도래한 4차 산업혁명의 변화를 잘 읽고 수용하여 똑똑하게 대처하면 부의 기회를 얻는다. 다윈은 "살아남는 것은 가장 힘이 센 종이 아니라 환경 변화에 가장 잘 적응하는 종"이라고 하였다. 즉, 금융경제의 끝없고 빠른 변화를 두려워하기보다는 적극적으로 참여하고 포용하여 변화를 지향한다면 부를 얻을 기회는 더 커질 것이다.

나는 많은 시간을 독서와 강의로 보낸다. 지속적으로 새 분야의 지식을 탐구하고 그 과정에서 얻은 새로운 지혜를 삶에 적용하려고 노력한다. 그 덕에 돈 버는 것과 관련해서 많은 통찰력을 얻었다. 그래서인지 내 서재에는 금융경제 관련 서적이 가장 많다.

삶을 향한 열정과 결의

일찍이 큰 부자들은 돈 버는 법을 찾아내기 위해 다양한 시도와 경험을 거쳤다. 미국의 발명가이자 사업가인 토마스 에디슨은 그의 생애 84년 동안 총 1,093건의 발명특허를 받아 발명왕이라는 칭호를 얻었다. 에디슨은 하루 24시간이 부족했다. 수많은 실험을 하느라 잠자는 시간은 하루에 고작 3~4시간이었다. 연구와 개발이 그의 놀이였고 생활의 전부였다. 결국 좋아하는 일에 몰두하니 돈은 알아서 따라붙었다.

에디슨은 성공을 갈망하는 사람들에게 다음과 같이 말했다.

"나는 실패하면서 성공에 이르렀다."
"성공은 열심히 노력하며 기다리는 사람에게 찾아온다."

성공하고 말겠다는 뜨거운 열망이 중요한 이유다. 그 열정이 삶을 앞으로 더 전진하게 하고 지속 가능하게 만든다. 특히 결연함, 끈기, 긴장감을 소중히 여겨야 한다. 모든 일에 긍정적인 자세를 갖고 뜨거운 열정을 가질 때, 그 열정이 주변 사람에게도 전염돼 좋은 영향력을 끼친다.

이쯤에서 스스로에게 물어보자.

– 지금 내가 하는 일에 열정을 느끼고 있는가?
– 내가 선택한 회사와 동료들을 뜨겁게 사랑하고 있는가?

－ 내가 하는 일과 방향을 신뢰하는가?

－ 진짜 뜨겁게 돈 벌고 싶은 열망을 품고 있는가?

위 물음들에 조금의 망설임도 없이 "예스"라고 답할 수 있는 확고한 열정과 결의가 있다면, 그 사람은 부의 흐름이 자신에게 흐르도록 만들 수 있다. 개인과 조직이 계속 성장하고 돈을 벌려면, 지속적인 열정으로 나아갈 방향을 잡고는 세운 계획을 끝까지 실천하면 된다. 이러한 결의는 자산을 늘리는 핵심 비법이자, 부를 지배하는 제1법칙이다.

- 21세기 세계 최고 부자 랭킹 10위

중앙일보 기사에 따르면 세계 10대 부자들은 하루에 13억 달러약 1조 5,000억 원씩 자산을 불린다22.2.17. 기준. 세계 최고 부자로 꼽힌 테슬라의 최고경영자 일론 머스크Elon Musk, 1971~의 순자산은 2,942억 달러약 350조 원라고 한다.

〈세계 최고 부자 랭킹 10〉

1) 테슬라 기업의 창업주 일론 머스크 (자산: 2,942억 달러)

2) 아마존 창업인 제프 베이조스 (자산 2,026억 달러, 약 211조 원)

3) 프랑스 명품 기업인 LVMH그룹 루이뷔통의 회장 베르나르 아르노

　　(자산: 1,877억 달러, 약 214조 원)

4) MS사 창업주 빌 게이츠 (자산: 1,374억 달러)

5) 오라클 창업자 래리 엘리슨 (자산: 1,257억 달러)

6) 구글 공동 창업자 래리 페이지 (자산: 1,228억 달러)

7) 구글 공동 창업자 세르게이 브린 (자산: 1,183억 달러)

8) 페이스북(메타) 창업주 마크 저커버그 (자산: 1,177억 달러)

9) 전 MS CEO 스티브 발머 (자산: 1,044억 달러)

10) 버크셔해시웨이 회장 워렌 버핏 (자산: 1,015억 달러)

최고 부자들이 자산을 늘리는 데 가장 근본적으로 작용했던 것은 바로 긍정의 마인드와 원대한 꿈이었다. 세계적인 명품기업 루이뷔통의 회장 베르나르 아르노Bernard Arnault, 1949~는 자신의 성공을 이렇게 표현했다.

"나는 내 꿈에 뒤진 적이 없다."

큰 부자들은 자신이 태어난 환경과 처한 정황에 일체 불평하지 않고, 기회는 평등하여 자신도 성공할 수 있다는 신념을 공통적으로 갖고 있었다. 무엇보다 돈을 벌어 부자가 되겠다는 확고한 목적의식이 있었다.

오늘을 어떻게 사는가

이상주의자이자 날카로운 사회 비평가 조지 버나드 쇼[1]

나는 아일랜드의 유명 작가 조지 버나드 쇼George Bernard Shaw, 1856~1950
를 좋아한다.

버나드 쇼는 가난하여 초등학교만 나왔으나, 사환으로 일하면서 음악과
그림을 배웠고, 소설도 썼다. 1925년 노벨 문학상을 수상한 그는 많은 극
을 집필해 연극계에 새로운 바람을 불어넣었다. 그는 풍자와 기지로 가득
찬 신랄한 작품을 쓰기로 유명하다. 조지 버나드 쇼의 말들은 하나같이 멋
지다.

---

1   이미지 출처: https://povijest.hr/wp-content/uploads/2021/01/Shaw-696x391.jpg

"삶은 자신을 발견하는 과정이 아니라 자신을 창조하는 과정이다."

"자신이 가진 능력과 재질을 힘껏 발휘하자. 변화무쌍한 이 불안정한 세계에서 살아남을 가장 튼튼한 기초 재산은 오로지 자기 스스로에 대한 믿음뿐이다."

재테크 분야의 세계적인 고전 베스트셀러 〈부자 아빠, 가난한 아빠〉의 작가 일본계 미국인 로버트 기요사키는 투자 교육가이자 사업가이다. 그가 알려주는 부자 되는 법은 이렇다.

"위대한 경영자의 성공 마인드 중에서 '미래'의 의미는 오늘 무엇을 어떻게 하는가에 따라 달라진다."

세계적 베스트셀러 〈누가 내 치즈를 옮겼을까?〉를 쓴 스펜서 존슨Spencer Johnson, 1938~2017의 책 〈선물〉에도 비슷한 말이 나온다.

"오늘 하루에 인생의 성패가 달려 있는 것처럼, 최선을 다해야 성공할 수 있다."

즉, 부가 **오늘, 무엇을, 어떻게 사용하느냐**에 따라 결정된다는 것이다.

세상에 하나밖에 없는 부자가 될 사람들을 키우는 것보다 더 즐거운 일이 또 있을까? 그래서 나는 일찍이 '금융 100억 클럽' 수업을 통해 미래의 부자들을 키우고 있다.

내 수업 시작부에는 함께 꼭 외치는 슬로건이 있다.

"부자 될 수 있다, 할 수 있다, 된다, 해보자, 가능하다, Yes!"

정말 부자가 되고 싶다면 먼저 뜨거운 열망을 가져야 한다. 다가오고 변화하는 트렌드를 관찰, 이에 대비하여 적극적으로 응전하는 자세가 필요하다. 열정을 가진 탐구정신과 개척정신 말이다. 실제 미국 명문 하버드대학교의 최고 경영자 과정은 이미 크게 성공한 경영자가 된 사람들로 붐빈다. 바쁜 기업가들임에도 불구하고 결석이 없다. 1회 결석도 용납하지 않는다. 제대로 배우겠다는 정신이 확고하다. 경영자들은 수업이 시작되면 회사 생각은 절대 하지 않으며, 휴대폰은 가방에서 꺼내지도 않는다.

이처럼 진짜 성공한 부자들은 새로운 것을 배우고 적극적으로 시도하는 자세가 남다르다. 이것이 결국 돈이 그들에게 저절로 감기는 결정적인 역할을 한다. 나의 '금융 100억 클럽' 수업 역시 마음가짐을 가장 중요시한다. 매주 다양한 과제가 주어지며, 실천 지침들이 제시된다. 하루하루의 일과에서 우선순위를 정하고, 창의적 질문의식을 갖고 일하게 도우며, 수시로 성찰한 결과를 적는다.

일찍 끝없는 경험 쌓기

중국의 철학자 노자老子가 전해주었다.

"배움의 길은 나날이 쌓아가는 것이며, 도(道)의 길은 나날이 덜어내는 것이다."

잠깐 진지하게 사색해 보자. 만약 개인과 조직회사이 계속하여 성장하지도 않고 배우지도 않으며, 고정관념을 갖고 작은 변화도 꾀하지 않는다면, 그 회사가 창의적으로 발전하고 성장할 가능성이 있다고 보는가?

내 생각엔 거의 없다. 그러므로 구성원들이 자신의 일에 신념을 갖고 일할 수 있도록 돕는 학습 조직이 필요하다. 늘 새로운 것에 도전하는 사람이야말로 최고의 중요한 자산이다. 그런 도전적인 사람은 자신의 뜻을 펼치지 못할 경우에 조직을 떠난다. 이런 경우, 조직은 미래에 큰돈을 벌게 만들 자산과 기회를 잃는다.

20세기 최고의 화가로 불리는 파블로 피카소Pablo Picasso, 1881~1973는 부와 명성과 더불어 많은 여인을 사귄 유명 화가다. 그의 그림은 당시에도 비쌌지만 지금도 피카소 그림의 가치는 계산할 수 없을 정도의 고가다.

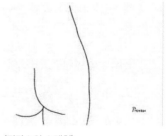

〈피카소의 스케치〉
4번의 선만으로 여성 그리기

피카소는 살아 있는 동안 세계적으로 유명한 프랑스 파리 루브르 박물관에 자신의 그림을 건 최초의 화가였다.

책 〈창조자 피카소피에르 덱스, 김남주 역〉에는 다음의 이야기가 나온다.

파리의 한 술집에서 한 일행이 마신 술값이 엄청 나왔다. 손님이 술값으로 주인과 옥신각신할 때, 구석에 앉아 있던 한 노인이 냅킨을 가져와서는 신속하게 스케치를 하더니, 점원에게 이 냅킨의 스케치로 계산을 대신하고자 내밀었다. 그를 알아본 종업원은 미소를 지으며 그들의 술값으로 그 냅킨을 받았다. 그 놀라운 노인은 바로 파블로 피카소였다. 4번의 선으로 그려진 여성이 담긴 냅킨은 당연히 그날 마신 술값을 제하고도 많은 금액을 남겼을 것이다. 옆에 있던 한 사람이 그 상황을 보고 충격을 받아 피카소에게 물었다.

"이 그림을 그리는데 1분도 안 걸렸다며? 어떻게 된 일이야?"

피카소는 대답해 주었다.

"제가 이 냅킨에 그림을 그리기까지 40년이 걸렸습니다."

이 피카소의 대답에는 그 그림에 한 평생 쏟은 노력, 뜨거운 열정, 그날까지 해왔던 인내와 희생 등이 모두 포함되어 있다는 의미가 들어 있다.

피카소의 답변처럼 한 번에 완성되는 것은 없다. 지금보다 더 나은 성과를 내고 뛰어난 조직을 만들고 싶다면, 최고가 되겠다는 집념을 갖고 부단히 노력하는 등 창의적 성과를 낼 수 있는 능력을 갖춰야 한다.

- 미술 작품: 알제의 여인들

　피카소의 작품 '알제의 여인들'은 기존 미술품 경매에서 매우 높은 가격을 기록했다. 뉴욕 크리스티 경매가 1억 7,936만 5,000 달러(한화 1,968억 1,721만 원)에 낙찰되었다. 이 그림은 프랑스 낭만주의 화가 외젠 들라크루아Eugène Delacroix, 1798~1863의 작품 '알제의 여인들'을 재해석하여 그린 작품이다.

　화가 피카소가 성공할 수 있었던 요인은 회화에서 최고가 되겠다는 강한 열망을 품고 도전하며 그림을 그렸기 때문이다.

| 파블로 피카소, 〈알제의 여인들(1955)〉 | 외젠 들라크루아, 〈알제의 여인들(1834)〉 |

부富의 지렛대 활용하기

연구 결과, 세계적인 큰 부자 상위 10명 중 7명은 IT 기술을 부의 지렛대로 활용했다고 한다. 그렇다면 자본주의 사회에서 부富를 이루는 데 꼭 필요한 도구는 무엇일까? 바로 창의적 아이디어다.

앞으로 IT 기술은 모든 산업과 연결되어 더 발전할 것이다. 그럼 이러한 디지털 전환 환경에 가장 취약한 사람들은 누굴까? 디지털 사회에 문외한인 사람들일 수 있다. 디지털을 경제 수단으로 활용하지 못하는 사람들 말이다.

먼저 아래 기업들이 크게 성공할 수 있던 비결을 살펴보자.

- 동영상 스트리밍 서비스를 제공하는 〈넷플릭스〉
- 차량공유 업체 〈우버〉
- 숙박 공유업체 〈에어비앤비〉
- 온라인 관계 기업 〈메타 플랫폼스(페이스북)〉
- 한국의 플랫폼 기업 〈카카오〉, 〈네이버〉, 〈배달의 민족〉 등

위 기업들의 성장 요인은 인원, 재고, 간접비 등의 부담이 없는 비즈니스 활동에 있다. 즉, 부의 지렛대를 활용했다는 것이다. 한 예로, 우버의 창업자 트래비스 캘러닉Travis Kalanick, 1976~은 대학을 그만두고 친구와 함께 첫 번째 창업에 도전했지만 실패했다. 여러 번의 실패를 거친 뒤 창업 10년이

지나 3번째로 창업한 회사가 우버Uber다. 이 우버는 인터넷IT, 디지털을 지렛대로 활용해 성공할 수 있었다.

단언컨대 4차 산업혁명 사회는 그 연결성 때문에 더 많은 걸 배우고 준비할수록 더 많은 성과가 만들어지는 사회다. 스마트한 지식으로 부의 지렛대를 활용하면 부자가 될 기회가 그만큼 더 많아진다. 또, 4차 산업혁명 시대의 특징은 누구나 자유롭게 창의적 도전을 통해 부를 만들 수 있다는 것이다.

사람들이 얼마의 자산 수준에 도달하면 행복해지는지 분석한 설문 결과를 보았다. 1인 기준 연평균 소득이 약 1억 2천만 원일 때 가장 만족감이 높은 것으로 나타났다. 물론 벌기 쉽지 않은 금액이지만, 지혜와 창의적 아이디어를 갖고 부의 지렛대를 잘 활용하면 불가능은 없다.

- 부의 지렛대를 활용한 교육과목 주제들

창의적 스토리텔링(발상법)	설득 대화법	칼럼니스트 과정
서비스 마인드	인간관계 기술	하루 30분 독서법
고객 대응법	금융경제 학습	스토리텔러
심리 행복학	자기소개 스피치	스트레스 관리
협력 리더십	시간 관리 능력	그림 인문학
재무관리 기초	철학 기본 이해	성격과 인격론
승진관리 워크숍	100세 건강학	디지털북 기획
4차 산업혁명 이해	경영 성공사례 연구	글쓰기 책 쓰기
블록체인 기술	소자본 창업과 프랜차이즈	기자 저널리즘
특허와 실용실안 만들기	메타버스, VR/AR	작가 웹툰 과정
동서양 철학	NFT, 암호화폐	창의성과 사색
고전 인문학	주식 투자법	소설 에세이

💰 "돈이 되는 금융경제 공부습관"

» 꼭 알아야 할 금융경제 용어

자본

경제학에서 '자본資本, Capital'은 매우 다양한 의미로 쓰이는 개념이다. 자본을 영어로 번역하면 'capital'이다. 이는 기업이나 개인이 소유한 노동력, 개발, 소득 창출에 유용한 모든 재원 내지 자산을 말한다. 화폐나 주식펀드, 토지, 공장과 같은 생산 수단을 말하기도 한다. 결국 자본이란 장기적이면서도 미래 가치를 저장할 수 있는 자산이다.

자기 자본

영어로는 '에쿼티Equity', 우리말로는 '자본'이다. '자산에서 부채를 뺀 것' 또는 '전체 자산 가치에서 모든 관련 부채를 뺀 자기 순수가치'이다. 즉 주식, 고정자산채권과 현금 또는 현금 가능 자산이익잉여금을 의미한다.

소득

'소득Income'은 일이나 투자, 자본을 통해 개인이나 회사에서 받는 돈을 말한다. 잔여소득과 저작권료도 소득에 포함된다.

» 나의 부자 마인드 체크하기

아래 항목 전체에 체크를 할 수 있는 사람이라면 가장 빨리 돈 벌 기회를 얻게 될 것이다. 이미 부를 끌어당길 능력을 갖췄기 때문이다.

□ 돈과 부에 대한 편견을 뒤집으면 돈을 벌 기회가 커진다.
□ 돈을 버는 부의 로드맵이 존재하고 있고, 따라가면 된다.
□ 돈을 벌기 위해서 금융경제를 공부해야 한다.
□ 누구나 돈 벌 기회를 제공받는다.
□ 수입의 일부를 꾸준히 안전한 곳에 투자하면 자산이 늘어난다.
□ 다음의 말에 동의한다.
　"가난하게 태어난 건 당신 잘못이 아니지만, 가난하게 죽는 건 당신 잘못이다."
　- 빌 게이츠

똑똑하게 일하는 경제 루틴 만들기

"미래를 예측하는 가장 좋은 방법은
미래를 만드는 것이다."

- 현대 경영학의 아버지, 피터 드러커

250년 수성守成의 비밀

　세계 금융사에서 로스차일드Rothschild가家와 J.P. 모건은 독보적인 위치를 차지한다. 현대 경영학의 아버지로 불리는 피터 드러커Peter Drucker, 1909~2005가 말했듯이, 로스차일드가는 오늘날에도 최고의 사금융기관 가운데 하나다. 그들이 사업을 일으키고 유지해 왔던 곳은 당시 혁명과 전쟁이 빈발하던 유럽이었다. 그러나 그들에게 위기란 성공의 기회였고, 그들의 실용정신은 부를 확장시키는 밑거름이 되었다.

영국 버킹엄셔의 로스차일드가 저택.
874~1889년에 지어졌고, 로스차일드 가문 사람들이 1957년까지 실제로 생활했다.

흔히 로스차일드가 하면 가장 먼저 떠오르는 것이 유대계 재벌가일 것이다. 로스차일드가는 18세기 이후로 약 250여 년간 전 세계의 돈줄을 좌우한 유대계 최대 금융가문이었다.

로스차일드 가문은 금융업을 기본으로 석유, 철도, 운하, 다이아몬드, 금, 우라늄, 레저산업, 무기산업, 백화점 등을 비롯해 최고급 프랑스 와인에 이르기까지 우리 생활 곳곳에서 영향력을 발휘하고 있다.

로스차일드가가 자본을 증식할 수 있었던 중요한 요인은 바로 정보력이었다. 로스차일드 가문은 금융사업을 확대했고, 정보 네트워크로 부를 확장했다. 특히 셋째 아들 네이선은 정보의 중요성을 미리 간파해 워털루 전쟁Battle of Waterloo에 정보원을 투입, 나폴레옹 군이 대패했다는 소식을 가장 먼저 입수했다.

전쟁 결과를 파악한 네이선은 정보를 심리적으로 이용했다. 당시 영국은 유럽 최강국의 위치에 있었다. 그런데 투자의 거목인 네이선이 프랑스가 아닌 영국 국채를 내다 팔아 치우는 것이었다. 영국군이 대패했다고 믿은 투자가들은 금융계 거목의 움직임에 재빠르게 반응하기 시작했다. 쏟아져 나온 영국 국채는 100파운드에서 한때 5파운드까지 떨어졌다. 네이선은 영국 국채를 헐값에 다시 사들이기 시작했다. 증권거래소에 프랑스 나폴레옹 군대가 대패했다는 소식이 알려지자 영국 국채 가격은 급격하게 폭등했다.

프랑스 나폴레옹 군이 패한 워털루 전투(1815년 6월, 벨기에에서)

그렇게 로스차일드 가문은 엄청나게 큰돈을 벌어들인다. 전쟁 정보로 막강한 자본력을 거머쥐고 유럽 각지에 은행과 금융 거래소를 설립하게 된다. 형제들 간의 정보 네트워크는 유럽 금융을 움직이는 힘이 되었다.

다섯 형제는 유럽 각지로 흩어졌지만 지속적으로 관계를 유지하면서 정치, 경제, 사회, 문화 등의 정보를 교환하고 소통했다. 그중에서도 최신 독점 뉴스는 주식시장과 선물 상품시장에서 가장 유용했다.

로스차일드가는 역사상 가장 부유한 가족으로 알려져 있다.

가문의 사람들은 커뮤니케이션과 관계의 중요성을 일찍부터 알았고, 이를 잘 활용했기 때문에 가문의 힘을 250년간 수성守成할 수 있었다.

[알아보기] 힘의 불균형을 초래하는 정보 비대칭

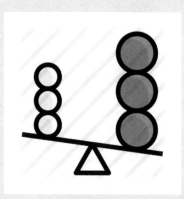

경제학에서는 한 당사자가 다른 당사자보다 더 많거나 나은 정보를 가지고 하는 거래의 결정에 대한 연구를 '정보 비대칭'이라고 부른다. 정보 비대칭은 비경제적인 행동으로 확장되며, 결과적으로 다양한 영역에서 시장 실패의 원인이 된다.

정보 비대칭은 이상적인 시장 행동과 시장의 전반적인 진화를 방해할 수 있다. 비즈니스 거래 시 일부 당사자가 다른 당사자보다 정보의 이점을 가질 수 있는 경우, 경제는 정보 비대칭이 된다.

새로운 돈 버는 프레임

4차 산업혁명 기술은 변화의 흐름을 20년 가까이 앞당겼다. 기술의 발전은 인간이 꿈꾸고 상상하던 세상을 현실로 나타내 주고 있다. 그리고 무엇보다 현실세계와 가상세계의 교차점을 열어주었다. 이제 사람들은 고정된 하나의 장소에서 정적이고 고착된 삶을 살지 않는다.

한 예로 호텔 건물 없이 최대 호텔 공유서비스 회사가 된 에어비앤비Airbnb는 무형의 경제를 통해 기업을 성장시켰다. 또한 집이나 공유 오피스에서 창업하고 재택근무도 하는 비즈니스 경향이 빠르게 늘고 있다. 앞으로는 이가 적절히 혼합된 하이브리드Hybrid 일터가 확대되어 디지털 노마드Digital Nomad의 경제적 생활이 더욱 확대될 것이다.

아마존 창업자 제프 베이조스를 생각하면 단순히 그가 세계 부자 랭킹 1위약 232조 원, 21.9. 기준라는 등수가 놀라운 것이 아니다. 제프 베이조스가 쿠바 난민에서 탈출하여 미국으로 와 자수성가한 끝에 세계 부자 1위가 되었다는 사실이 놀랍다. 더 놀라운 것은 억만장자들 대부분이 이렇게 상속이 아닌 자수성가로 성공한 사람들이라는 것이다.

앞으로 세상에서는 얼마든지 똑똑하고 참신한 생각과 메타 창작 등의 자산을 통해 새로운 경제를 만들고 부를 확대하는 일이 가능할 것이다. 분명 미래에는 돈 버는 프레임이 지금보다 더 크게 바뀔 것이다.

앞으로도 세계는 여러 핫이슈들로 인플레이션inflation 상황을 맞이할 것이다. 물가는 지속적으로 오르고 통화, 곧 화폐의 가치는 떨어질 것이다. 더불어 가상자산인 암호화폐의 활용은 더 가속화되고, 금은 안정적 자산으로 자리 잡을 것이다. 개인의 자산은 정부의 관리 통제에서 벗어나 분산화될 것이다. 디지털 경제는 급격히 성장할 것이고, 특히 위변조가 불가능한 블록체인 기술을 통한 다양한 디지털 자산은 더욱 실용적으로 활용될 것으로 전망된다.

앞으로는 자산을 레버리지leverage를 활용해 똑똑하게 관리할 수도 있다.[1] 투자에서 레버리지빚을 이용한 투자를 지렛대lever의 힘으로 활용하면 부의 가속화는 더욱 빨라진다. 레버리지 비율은 전체 투자금액을 내가 투자한 금액으로 나눈 것이다.

◆ 레버리지 비율 = 전체 투자금액 / 내 돈

모든 부富는 시간이 자신의 것이 되었을 때 비로소 탄탄하게 완성된다. 돈에는 스스로를 가속화하는 기능이 있어 레버리지를 활용하면 더 많은 소득을 창출할 수 있다. 이를 자산관리론에서는 '똑똑한 레버리지를 활용하는 것'이라 말한다.

우리는 큰 부자들과 동일하게 하루 24시간을 사용한다. 그렇기 때문에 시간이 없어서 부자가 될 수 없다고 말하는 건 큰 착각이다. 경제가 똑똑하게 나를 위해 일하게 만들면 얼마든지 자산을 확대할 수 있다. 그러려면

---

1   이 책의 276p 참고.

먼저 나의 경제가 과거보다 더 똑똑하게 돌아갈 수 있도록 시간을 잘 활용한 경제 루틴을 만들어야 한다. 돈에 관해 나보다 이미 똑똑한 부자들로부터 감정을 조절하고 시간을 통제하는 규칙과 전략을 배우자. 돈과 자산을 관리하는 법을 배우고 확고한 계획을 수립하자. 이 과정을 거치면 결국 더 똑똑한 선택을 통해 부의 계단 위로 한 발자국씩 오르게 될 것이다.

이 책을 읽는 모두가 돈 버는 프레임을 이해하고 레버리지를 활용하여 자산을 똑똑하게 관리할 수 있기를 바란다.

나만의 똑똑한 금융경제 루틴 만들기

나와 함께 금융경제를 공부하는 '금융 100억 클럽'의 슬로건은 "조급함이 부를 망친다"이다. 즉, 스스로 부의 길목을 막는 모든 부정적 요인들을 낱낱이 파헤쳐서 박살내야 한다. 금융에 입문하기에 앞서 반드시 돈의 시나리오를 만들고 일상의 금융경제 루틴과 규칙을 세운다. 성공한 사람들의 공통점 중 하나도 자신만의 금융경제 루틴이 있다는 것이다.

앞서 살펴봤듯 부자의 생각은 일반 사람들과는 사뭇 다르다. 그들의 금융경제 루틴은 미래에 대한 확고한 비전이 필요하다는 믿음에서 비롯한다. 그렇게 오직 자신만의 비전을 위한 금융경제 루틴을 만들어 꾸준히 실천함으로써 자산을 늘려가게 된다.

투자에 앞서서는 조급하거나 감정적인 결정을 내리지 말고 한 박자 쉬어가자. 더 똑똑하게 부를 만드는 루틴은 감정에 반응하기보다는 인내심을 갖고, 일시적이지 않으며 신중하게 생각하고 분석한 다음에 판단하는 것이다. 평정심을 유지하여 감정을 잘 다스려야 한다.

경제학에 '손실 회피 성향Loss aversion'이라는 이론이 있다.

이는 사람들의 심리를 이론화한 심리학에서 나와 행동경제학 이론으로 자리 잡은 가설이다. 이를테면 이익으로 얻은 기쁨보다 손실로 인한 괴로움을 더 크게 느끼는 심리다. 그러니까 만 원을 벌기보다 잃지 않는 게 더 낮다는 식이다. 이 또한 강력한 감정이다.

예를 들어, 주식 투자에서 손실률이 -7%인 A종목과 -20%인 B종목을 놓고 이 중에 하나를 정리하고자 한다면 사람들은 어느 종목을 팔까?

손실 회피 성향이 굳어져 있어 투자자들은 기왕이면 손실률이 작은 A종목을 팔기를 선호한다. 하지만 손실은 사실 -20%인 B종목이 더 크다.

판단과 선택을 할 때는 자신이 사전에 세운 루틴과 전략에 의한 것인지, 아니면 손실 회피 성향이 개입된 감정인지를 구별해야 한다. 중독성이 강한 감정에 사로잡히면 똑똑한 경제를 다스릴 수 없다. 앞으로는 손실에 대한 두려움과 감정을 따라가지 않는 더 똑똑한 부의 루틴을 실행해야 한다.

자수성가한 부자들은 부의 루틴을 통해 돈을 덜 감정적으로 대한다. 그들은 규칙과 전략을 갖고 돈을 관리한다. 감정, 욕구, 중독을 조절하는 법을 배워 실전에 적용한다.

이제 나만의 똑똑한 금융경제 루틴을 만들어야 돈을 벌어 자산을 늘릴 수 있다.

부富에 대한 기대심리

나 역시 많은 시간을 할애하여 부의 미래를 연구해 왔다. 특히 세계적인 미래학자 앨빈 토플러의 〈부의 미래〉를 통해 부富에 관하여 눈을 떴다.

이제 지식 기반의 기술을 갖춘 작은 조직이 세상도 바꿀 수 있게 되었다. 4차 산업혁명 속에서 가속화되는 경제 변화가 요구하는 조건은 가변적인 환경에 대응할 수 있는 유연성이다. 앞으로는 개인이든 조직이든 국가든 기술 변화에 탄력적으로 대응하지 못하면 미래를 향한 경주에서 뒤처질 것이다.

〈기대이론 이해하기〉

기대이론은 기대감, 수단성, 유의성 세 가지 요소로 구성된다.

노력 → 성과 → 보상

기대감　　기대감

경제이론에서 '기대하는 것을 얻는다'는 기대이론expectancy theory이란 스스로 부자가 될 자격이 있다고 믿으면 그대로 이루어진다는 기대 심리다. 살면서 쌓아온 많은 지식과 다양한 경험은 자부심과 자신감을 올려준다. 심리학자 빅터 브룸V. H. Vroom,, 1932~은 이 이론을 통해 개인이 특정 행동과 보상 간의 관계에 있어서 그 행동이 보상을 가지고 올 것을 확실하게 기대할 수 있는 상황, 또는 그 행동이 가져올 보상이 얼마나 매력적인지에 따라 개인이 특정 행동에 대한 동기부여를 얻을 수 있다고 설명하였다.

더 똑똑한 부를 만드는 루틴의 첫 번째 단계는 심리적 부富부터 쌓는 것이다. 보이지 않는 부를 따라잡기 위해 필히 지식 기반 위에서 변화에 대응할 때, 더 많은 기회를 얻고, 새로운 삶으로의 확장이 가능해진다. 부의 물결은 전통산업, 토지, 노동, 자본 등을 보다 정교한 지식으로 대체해 나가며 새로운 창출 시스템을 만들어 간다.

이제부터 평상시 생활 루틴부터 달라져야 한다.
하루하루 배우고 익히며 새로운 시도를 즐겨야 한다. 평소 책을 읽고 연구하는 루틴이 몸에 배어야 한다. 백만장자 중 86퍼센트는 매달 세 권 이상의 책을 읽는데 시간을 투자한다. 비즈니스 인사이더에 따르면 투자의 귀재인 워런 버핏도 일하는 시간의 80퍼센트를 독서와 사색에 투자한다. 때론 분야 최고의 전문가들을 찾아가 조언도 듣는다. 이러한 기대이론이 자신을 향해 오는 부의 흐름을 막지 않고 잘 흐르게 할 수 있다.

"돈이 되는 금융경제 공부습관"

» 꼭 알아야 할 금융경제 용어

소유효과

'소유효과Endowment Effect'는 사람들이 자신이 가지고 있는 것을 더 소중하다고 여기는 마음이다. 이는 물건이나 상태재산, 지위, 권리, 의견 등 어떤 대상을 실제로 소유했을 때, 그것을 지니지 않았을 때보다 훨씬 높은 가치로 평가하는 것을 말한다. 미국의 행동경제학자인 리처드 세일러Richard H. Thaler, 1945~가 처음 사용했다.

정보 비대칭

'정보 비대칭Information Asymmetry'은 경제학 시장에서 각 거래 주체가 보유한 정보에 차이가 있을 때, 그 불균등한 정보 구조를 말한다.

기대이론

'기대이론Expectancy Theory'은 구성원 개인의 동기부여 정도가 업무의 행동양식을 결정한다는 이론이다. 빅터 브룸은 동기부여에 관해 기대이론을 적용하여, 구성원이 직무에 열심히 임하도록 만드는 조건을 연구했다.

나만의 부의 루틴 만들기 (빈칸에 '부를 이룰 루틴' 채우기)

– 부의 루틴 만들기

	부를 이룰 나의 루틴		

– 부를 얻기 위한 행동

	나, 100억 만들기	

부의 창의성과 온워드 철학

"우리는 타인에게 드러내는 이미지만큼
대접받고 산다."

- 시인, 랄프 왈도 에머슨

백만장자 마인드

백만장자에게만 있는 특별한 성공 비결, 최고 경지에 이른 진짜 엘리트의 성공 뒤에는 최고가 될 수밖에 없는 강력한 '마인드'가 존재한다. 즉, 이기는 마인드는 위대한 성과를 내고 새로운 것을 창출한다.

백만장자들은 어떻게 생각하고 행동했기에 그토록 효율적으로 돈을 버는 부자가 될 수 있었을까? 분명한 사실 하나 그들은 자수성가하였고, '백만장자 마인드'를 가지고 있었다는 것이다.

어느 백만장자는 부富의 비결을 이렇게 말했다.

> "돈을 섬기지 마라. 돈을 다스려야 한다. 돈이 너를 다스리게 해서는 안 된다."

폴 게티J. Paul Getty, 1892~1976는 미국에서 최초로 1조 원의 재산을 모아서 미국 최초 '억만장자'로 불린다. 폴 게티의 아버지는 부유한 변호사였다. 그러나 자녀가 자립하여 돈을 벌기를 바랐다. 그래서 사업 현장에 아이들을 데리고 다니면서 현장 노동자와 똑같이 생활하게 했다. 게티는 부잣집 아들로 태어났지만 부모의 재산에 의존하지 않고, 16세 때부터 석유 채굴 현장에서 잡역부로 일하며 경제활동을 시작했다. 그는 당시 노동자들과 똑같이 하루 12시간 일하는 대가로 일당 3달러를 받았다. 결국 부자가 되었고, 많은 사람들이 게티에게 부자가 되는 방법을 물었다.

게티는 다음과 같이 말했다.

"부자가 되고 싶으면 부자가 하는 대로 따라하라. 즉, 백만장자 마인드의 사고 방식과 습관을 따라 하면 부자가 된다."

게티는 공부도 열심히 했고, 주식과 부동산에도 투자했다. 미술품 수집에도 열중했으며, 거대한 게티 미술관을 세웠다.

- 웃을 수 있는 여유

헨드리크 테르브뤼헨,
〈웃음의 철학자 데모크리토스(1628)〉

렘브란트 반 레인, 〈웃는 자화상(1628)〉,
로스앤젤레스의 게티 미술관
(경매가 약 400억 원)

데모크리토스Democritus, 기원전 460~371는 과학 분야에서 가장 근대적인 철학자이다. 그는 항상 큰 소리로 웃었고, 별명은 '웃는 철학자laughing philosopher'였다. 원자설을 완성한 데모크리토스는 물질을 계속 쪼개다 보면 더 이상 쪼개고 나눌 수 없는 아토모스atomos, 즉 원자atom만 남는다고 하였다. 아톰atom은 물질을 이루는 가장 작은 단위다.

17세기 네덜란드 역사화가 헨드리크 테르브뤼헨Hendrick Terbrugghen, 1587~1629은 '데모크리토스'의 자화상을 그렸다. 그림 속 모습처럼 철학자 데모크리토스는 여유와 해박한 지식을 갖춘 철학자였다.

27살의 네덜란드 화가 렘브란트Rembrandt van Rijn, 1606~1669도 웃는 철학자 데모크리토스에게 심취하였다. 그는 데모크리토스처럼 군복을 입고 환하게 웃는 젊은 날 자신의 초상화를 그렸다. 온화한 색감과 밝은 표정, 자신감에 차 있는 표정을 통해 행복했던 시절의 모습을 엿볼 수 있다. 렘브란트는 빛과 그림자의 화가로 불린다.

렘브란트의 작품 〈웃는 자화상〉은 백만장자 기업가인 폴 게티의 유언대로 게티 미술관이 한화로 약 500억 원에 매입하여 소장하였고, 그 외에도 많은 유명 작품들이 수집되어 있다. 폴 게티는 예술 창작자들의 마인드가 담긴 작품들을 다음 세대에게 유산으로 남겨주고자 했다.

우리도 폴 게티처럼 창의적인 부자가 되려면 삶의 중심에서 스스로 자립하겠다는 백만장자 마인드가 필요하다. 그다음 자신이 선택한 일을 천직으로 여기고 부단히 최선을 다할 때 부의 기회도 찾아올 것이다.

나만의 온워드Onward 철학

나는 독일 철학자 프리드리히 니체Friedrich Nietzsche, 1844~1900에 끌려 서양 철학에 흥미를 갖고, 전공하게 되었다.

니체가 말하기를 "진정한 자유는 자기통제에서 비롯된다"라고 하였다.

내 삶을 돌아보면 지금까지 그저 앞만 보고 열심히 일만 해온 것 같다.

인생의 철학을 논할 여유도 없이 주어진 일상을 반복하며 살아왔다. 의무적인 독서와 강의 준비로, 죽어라 앞만 보고 '나'라는 본질을 잃은 채 쉼도 없이 달려왔다. 상해 가는 마음을 달래지도 못하고 하루하루 넘기면서 말이다. 그런데 최근 결단하여 특별히 쉼을 가지면서 '진짜 내가 가고자 하는 삶은 어느 방향인가?'를 자문해 보았다.

혹 내가 하고 싶은 일이 아닌데 어쩔 수 없이 환경에 의해 일하고 있지는 않은가? 마치 조종된 아바타처럼 끌려다니듯 살고 있지는 않은가?

〈나를 돌아보는 질문〉

- 정말 의미 있는 나만의 참 인생을 살고 있는가?

- 나는 오늘도 인생의 주인공으로 살고 있는가?

- 하루 일과를 중요한 것 위주로 짜고 있는가?

- 나의 말과 행동에 책임감을 느끼며 사는가?

중국 알리바바그룹의 창업자 마윈馬雲, 1964~은 큰 감동이 되는 말을 나의 가슴에 새겨주었다.

"주먹만 한 심장이 세상을 움직인다."

그는 사업 초반 창업의 필요성을 위해 1,500석짜리 연회장을 빌려 사람들을 초대하였다. 그런데 초대에 응한 참가자는 단 세 명뿐이었다. 하지만 마윈은 흔들림 없이 마치 1,500명이 가득 찬 홀이라고 생각하고는 부의 미래를 향해 열정적인 연설을 했다. 그리고 그날 선언한 대로 기업을 세계 최대의 온라인 회사로 우뚝 성장시켰다.

이처럼 새로운 창업의 힘은 바로 환경에 흔들리지 않는 '온워드Onward: 전진, 앞으로'에 있다. 앞만 보고 나아가는 온워드. 그 길에는 당연히 모험과 고난이 있기 마련이다. 실패도 있을 수 있다. 그런데 그 위기 속에서도 다시 앞으로 발을 내디디며 나아가는 재도약의 온워드만이 결국 나의 길을 만들어 낸다.

흔들리지 않는 지략가

클로드로랭(바로크 시대 프랑스의 화가), 〈스케리아를 떠나는 오디세우스의 귀환(1646)〉
캔버스 유채, 119x150cm, 루브르 박물관, 파리

그리스 신화 이야기에서 최고로 뛰어난 지략가 하면 누가 생각나는가?

아마도 이타카Ithaca의 왕인 텔레마코스의 아버지 율리세스일 것이다.
그리스인들은 그를 오디세우스Odysseus, 로마인들은 울릭세스Ulixes, 혹은
율리세스Ulysses로 불렀다. 오디세우스의 어원이 되는 '오디스Odyss'는 '증오
를 받는 자'라는 의미다.

〈오디세우스Odysseus〉는 트로이 전쟁 후 고국으로 돌아가는 길에 겪는

고난과 방랑의 이야기이다. 오디세우스는 이오니아 해의 작은 섬 이타카의 왕이었는데, 그에게는 '페넬로페Penelope'라는 이름의 아름다운 아내가 있었다. 그녀는 스파르타의 왕 아카리오스의 딸이었다. 하지만 트로이 전쟁이 일어나자 오디세우스는 아가멤논에게 한 맹세를 지키기 위해 아내와 아들 텔레마코스를 두고 그리스군 원정 전쟁에 참가한다.

오디세우스는 계책에 능했고, 활쏘기의 명수이며, 언변이 능하고, 뛰어난 전략가였다. 섬사람으로 배를 타는 일에도 익숙했다. 그의 지략 중 하나가 목마를 만들어 그 안에 그리스 군을 숨기고, 트로이 측으로 보낸 것이었다. 결국 그 목마로 트로이를 완전히 정복하고 조국 이타카로 귀환한다. 그런데 그의 이타카로의 귀환은 트로이 전쟁이 끝난 후 무려 10년이 지나서야 이뤄지게 된다.

이타카의 젊은이들은 오디세우스가 트로이에서 또는 집으로 돌아오는 길에 죽었다고 의심하기 시작한다. 남편을 잃은 페넬로페에게 구애한다는 구실 아래 '구혼자'라고 불리는

존 윌리엄 워터하우스, 〈페넬로페와 구혼자들(1912)〉

그림 속 젊은이들이 오디세우스의 집에 거주하며 그녀에게 결혼을 청하기

에 이른다.

아내 페넬로페는 20년 동안이나 남편을 기다렸지만, 정작 거지로 변장하고 찾아온 오디세우스를 알아보지 못한다. 페넬로페는 그간 수많은 구혼자들에게 시달렸다. 그녀는 오디세우스가 돌아올 것이라는 희망을 버리지 않고 차일피일 구혼자 선택을 미루고 있었다.

거지로 변장하여 온 오디세우스는 자신의 활로 구혼자들을 모두 쏴 죽였다. 그다음에야 자신의 본 모습을 드러냈다. 그로써 다시 궁궐의 주인이 되고 아내와 왕국을 되찾았다.

내가 그리스 신화 이야기에서 특히 오디세우스 이야기를 좋아하는 이유는, 트로이 전쟁과 귀환이라는 10년의 모험에서 겪는 여러 시련과 경험 속에서 오디세우스의 뛰어난 지략을 배울 수 있었기 때문이다. 심지어는 돌아오는 길 바다에서, 그는 사이렌의 유혹도 미리 철저히 대비해 이겨냈다.

오디세우스는 모든 선원들의 귀를 밀랍으로 막아서 사이렌의 유혹하는 연주 소리를 들을 수 없게 했다. 자신의 몸은 배 중앙의 돛대에 여러 겹으로 묶게 했다. 그리고 선원들에게 말하기를 자신이 몸부림치는 등 어떤 경우에도 절대로 풀어줘서는 안 된다고 명령했다. 결국 그는 사이렌의 유혹을 이기고 무사히 귀환했다.

오디세우스는 미래를 내다본 참으로 현명한 지략가였다.

[실천 과제] 영화 〈율리시즈〉 관람하기

오디세우스에서 모티브를 가져온 영화 중에는 코엔 형제의 〈오! 형제여 어디에 있는가?〉(2000), 〈콜드 마운틴〉(2003), 〈율리시즈의 시선〉(1995), 〈2001 스페이스 오딧세이〉(1968) 등이 있다.

위 영화를 보고 감동적이었던 장면과 대사를 스크랩하여 정리해 보자.

_____

_____

_____

요한 하인리히 빌헬름 티쉬바인, 〈오디세우스와 아내 페넬로페의 상봉(1802)〉
캔버스에 유화, 86.8×107.9cm

자신을 다스리는 능력

세계적인 하버드대학 출신들의 성공 비결이 무엇이라 생각하는가?

나는 〈하버드 새벽 4시 반〉이라는 책 제목에 답이 있다고 본다.

'하버드 새벽 4시 반'이란, 하버드대학 도서관에는 새벽 4시 반에 학생들이 가득하다는 의미이다. 대부분의 사람들이 잠을 자는 새벽 4시 반부터 그들은 하루를 시작한다. 자신을 위한 투자인 하루의 시작 시간 새벽 4시 반은 미래를 대비하고 자신을 훈련하는 시간이다.

어떤 어려움 속에서도 희망을 잃지 않으면서 냉혹한 현실을 직시하고 지금의 상황을 하루하루 잘 견뎌내야 한다. 어려운 현실일수록 끝까지 직시하며 대비하자.

현실을 외면하지 않고 정면 대응한다는 뜻의 경영 용어는 '스톡데일 패러독스Stockdale Paradox'다. 이는 '희망의 역설'이라는 의미다.[1]

베트남 전쟁 당시 미해군 조종장교였던 제임스 스톡데일James Stockdale, 1923~2005은 8년간의 포로 생활을 견디고 고국으로 생환했다. 그는 긴 포로 시절을 이겨낼 수 있던 방법을 묻는 기자들의 질문에 냉혹한 현실을 보지 못하고 마냥 타개책도 없이 안주하거나 낙관에 취해 있으면 안 된다고

---

[1] 경영컨설턴트인 짐 콜린스(Jim Collins, 1923~2005)가 베스트셀러 〈좋은 기업을 넘어 위대한 기업으로〉에서 스톡데일과의 대화 내용을 정리해 이를 명명했다.

답했다. 이는 어떤 역경에 처했을 때, 그 현실을 외면하지 않고 정면 대응하면 분명 살아남을 수 있다는 희망의 역설을 뜻한다.

제임스 스톡데일은 8년간 하노이의 약 90x275cm의 작은 독방에 감금되어 포로 생활을 했다. 그는 포로수용소에서 죽은 사람과 살아남은 자신은 다 같이 언젠가 그 작은 독방에서 나갈 것이라는 희망을 지녔었다고 했다. 그러나 현실의 냉혹함을 보지 못하고 희망만을 가진 낙관주의자들은 자신이 희망한 것만을 기다리다 상심해 죽었다. 반면 스톡데일은 냉혹한 현실을 직시하고는 언젠간 나갈 것이지만 이번 크리스마스까지는 못 나갈 것 같다고 생각하는 등 현실에 대비했다. 즉, 냉혹한 포로 생활의 현실을 직시하고, 살겠다는 신념을 보호하며 끔직한 시간을 견뎌냈다.

우리도 냉혹한 현실에 맞서면서도 반드시 극복할 수 있다는 믿음으로 스스로를 더 강하게 만들어 가다 보면, 분명 더 나은 도약의 기회를 맞이할 것이다. 그러려면 평소 자신을 부단히 닦고 연마하여 역량을 키워야 한다. 사자성어 '외유내강外柔內剛'처럼 '겉은 부드러워 보이지만 속은 굳센' 태도를 지녀야 한다.

세계 최고의 두뇌를 가진 하버드대학 학생들도 자만하거나 게으름을 피우지 않고 새벽 4시 반에 하루를 시작하는 것처럼 말이다. 희망을 잃지 않으려는 냉정한 낙관, 새벽 4시 반이 바로 성공하는 비결이다.

창조적 장인정신

아래 사진 속 명품 백 '에르메스'의 평균 가격은 얼마나 될까?
궁금해서 대략 알아봤더니 무려 9,700만 원 정도라고 한다.

에르메스 백 (벌킨 말라카이트 금장 25)

흔히 세계 3대 명품 브랜드는 '샤넬', '루이비통', '에르메스Hermès'로 통한다. 그런데 이런 최고의 명품 중에 로고가 없는 명품이 있다.

오렌지색으로 상징되는 프랑스 장인정신을 통해 오로지 자기만족을 위한 제품을 만든다. 장인들의 창작의 자유를 존중하고, 상호 토론을 중시하여 창의적 명품을 만들어 낸다. 바로 명품 '에르메스'다.

브랜드 이름은 창업자 티에리 에르메스Tierry Hermès, 1801~1878의 이름에서 따왔는데, 원래는 19세기경 마구를 만들던 회사였다. 에르메스가 180년 이상 명품 브랜드를 지켜올 수 있던 가장 중요한 요인은 스스로 지켜온 창조적 장인정신에 있다.

에르메스의 경영자 악셀 뒤마Axel Dumas, 1970~ 역시 에르메스의 성공 비결로 장인정신을 꼽았다. 그는 앞으로 지속적인 성공을 위해 옴니 채널 Omni Channel, 즉 디지털 전략이 중요하다고 말했다. 미래의 고객에게 먼저 다가가 디지털로 손을 내밀어야 한다고 말이다.

'옴니 채널'이란 라틴어의 '모든 것'을 뜻하는 '옴니Omni'와 제품의 유통 경로를 의미하는 '채널Channel'을 합성한 단어다. 즉, 온라인, 오프라인, 모바일 등 다양한 경로를 넘나들며 상품을 검색하고 구매할 수 있는 유통 채널들의 특성을 결합한 환경이다. 멀티채널의 진화된 형태로, 모든 쇼핑 채널을 통해 고객의 경험을 끊이지 않고 집중시킨다. 그러므로 옴니 채널은 '고객이 언제 어디서나 원하는 상품을 살 수 있도록 지원하는 것'을 의미한다.

에르메스는 창조적인 장인정신과 시대의 흐름을 읽는 전략으로 지금까지 사랑받는 명품 브랜드로 살아남았고, 앞으로의 길도 적극적으로 모색하고 있다.

창의성과 또 다른 사고가 뒤섞이면

오래된 패턴, 익숙한 루틴, 균형을 잃은 고정관념을 바꾸어야 성장할 수 있다. 창의적인 사람은 같은 것을 대하는 태도가 다르다. 또, 생각한 것을 실행을 통해 증명한다. 빠른 변화에 적응한다.

이탈리아 베네치아 구겐하임 미술관에는 아래의 문구가 있다.

"Change place, change time, change thought, change future."
(시간을 변화시키고, 공간을 변화시키고, 생각을 변화시키면, 미래가 변한다.)

지금 머물고 있는 안전지대를 변화시키고, 시간을 변화시키고, 생각을 변화시키면 어느덧 창의지대에 다다른 자신을 발견할 것이다. 미래는 바뀐 모습일 것이다. 생존 코드 역시 변화다.

창의적이고 참신한 아이디어에 정해진 범위란 없다. 끊임없이 창의성과 또 다른 사고가 뒤섞이면 새로운 창작과 새로운 아이디어가 탄생한다. 여기에는 틀에 얽매이지 않는 자유와 유연성이 따라야 한다.

"돈이 되는 금융경제 공부습관"

» 꼭 알아야 할 금융경제 용어

옴니 채널

'옴니 채널omni channel'은 경제 분야에서 소비자가 물품을 구매하는 행위에서 쓰인다. 한 소비자가 온라인과 오프라인, 모바일 등 다양한 경로를 통해 상품을 검색하고 살 수 있도록 하는 서비스를 일컫는다.

» 꼭 실천해야 할 지침

나만의 특별한 이력 만들기

꾸준히 나에게 특별한 무언가를 투자한다면, 그 새로운 강점이 창의적 가치로 드러나도록 생각과 행위를 지속한다면, 분명 남들과 다른 나만의 차별화된 것을 만들게 된다. 이러한 과정을 통해 나만의 특별한 이력이 된 것이 있다면 적어보자.

_____

_____

_____

혁신이 만든 으뜸 1위, 1등, 1인자

"한 푼을 벌기 위해
천리를 간다."

- 오사카의 상인정신

지금이 딱 돈 벌 좋은 기회

기회와 행운의 신 '카이로스' (로마시대 대리석 석판)

그리스 신화에 나오는 제우스의 아들 카이로스Kairos는 '기회와 행운의 신'이다. 영어 단어 어케이전occasion, 기회과 템퍼럴temporal, 시간의, 속세의의 어원이다. 뜻은 '적절한 순간, 좋은 기회'를 의미한다.

석판화 속 날개가 달린 젊은 나체의 남성 조각상을 보면 우람한 근육질에 머리숱도 많지만 뒤에서 바라보면 머리카락 한 올 없는 대머리이다. 이 카이로스 석상에는 다음과 같은 말이 적혀 있다.

> "내 앞머리가 무성한 이유는 사람들이 나를 쉽게 붙잡을 수 있도록 하기 위함이고, 뒷머리가 대머리인 이유는 내가 지나가면 다시 붙잡지 못하도록 하기 위함이며, 어깨와 발꿈치에 날개가 달려 있는 이유는 최대한 빨리 사라지기 위함이다. 그래서 내 이름은 카이로스… 바로 기회이다!"

카이로스 왼손에 저울이 있는 것은 일의 옳고 그름을 정확히 판단하라는 것이다. 오른손에 칼이 주어진 것은 칼날로 자르듯이 빠른 결단을 내리라는 의미다. 카이로스를 포착하는 일은 사전에 철저한 준비와 예리한 전략을 세웠을 때 주어진다. 그래서 기회는 준비된 사람에게 찾아오는 신의 선물과 같다.

치열한 자본주의 사회에서 돈을 벌고 자산을 늘리는 일은 그냥 이루어지지 않는다. 빠르게 변화하는 경제 환경에서 열렬한 부의 열망을 갖고 다양한 경험과 정보, 남다른 창의적 마인드를 지녀야 한다. 게으른 타성에 젖어 있거나 남과 같은 보편타당한 생각으로는 결코 부자가 될 수가 없다. 위기와 불황이 찾아올 때도, 그 상황을 재도약의 기회로 삼아 먼저 자기분야에서 혁신을 이루어야 한다.

혁신적 기업가정신

최신의 AI경영과 새로운 이론과 전략이 아무리 판쳐도 결국 돈을 버는 전략의 근본은 투철한 상인기업가 정신의 토대 위에서 이루어진다.

요즘 학교나 직장에서는 제대로 된 금융경제를 배울 수가 없다. 의지를 갖고 따로 경제 공부를 하지 않으면 돈 벌 기회도 잘 눈에 띄지 않는다. 반대로 실용적인 경제 공부를 한 사람들은 새로운 돈 벌 기회를 잘 본다. 돈을 벌 분야와 돈을 벌 기회는 널려 있다. 특히 자수성가한 부자들은 널린 돈 벌 기회를 어떻게 활용해야 할지 잘 아는 사람들이다.

> "상인은 손으로 생각하고 발로 느낀다.
> 책상은 필요 없다. 걸어 다니며 얼굴을 팔아라."

오사카 상인의 후손으로 동경대를 나와 미쓰비시은행 임원을 지낸 소큐 도미코 씨가 펴낸 책 속의 한 대목이다. 직접 부딪히며 장사하고, 천년 넘게 이어져 온 오사카의 상인정신은 "하늘이 두 쪽 나도 신용布簾은 지킨다"라고 표현한다.

지금 경기 불황과 위기가 심하고 시장이 흔들린다면, 어쩌면 딱 돈 벌 절호의 기회일지 모른다. 현대 경영학자 피터 드러커는 위험을 무릅쓰고 사업에 도전하는 것을 두고 이를 '기업가정신entrepreneur'[1]이라고 명명했다. 급격하게 변하는 현대사회에서 성공하고자 한다면 필히 스스로 상인정신
기업가정신을 갖추어야 한다.

이것을 갖춘 조직과 기업은 불확실한 환경과 새로운 변화에 신속 유연할 뿐 아니라 혁신적으로 대처한다. 또한 위험을 무릅쓰고 모험적인 시도를 취함으로써 성장에 원동력으로 삼는다.

1 　기업가(entrepreneur, 안트러프러너)란 단어는 프랑스어 동사 'entreprendre'에서 유래하였다. 그 뜻은 '시도하다, 모험하다' 등이다. 피터 드러커는 기업가정신(entrepreneurship)을 '위험을 무릅쓰고 포착한 기회를 사업화하려는 모험과 도전의 정신'이라 하였다.
　경제학자 슘페터는 기업가 정신의 본질을 '혁신'으로 보았다. 그는 새로운 발명뿐만 아니라, 새로 시장을 개척하거나, 값싼 원료를 새로 발견하거나, 비용이 적게 드는 생산방법을 찾아내는 일 모두를 혁신으로 보았다. 그는 기업가의 혁신이 자본주의를 발전시키는 원동력이라 생각했다.

원씽One Thing을 파고들다

앞으로의 경제사회에서는 한 가지One Thing를 신중히 선택하고 초집중하여 전념할 때 성공에 이르기가 더 수월할 것이다. 하는 일에서 성과를 내고자 한다면 한 가지에 집중하여 파고들어야 한다. 불필요한 일에 에너지를 낭비하지 않아야 한다.

다음의 질문에 스스로 자신 있게 답해보라.

> 1) 오늘의 가장 중요한 <u>한 가지</u> 일은 무엇인가? (실천)
> 2) 인생에서 가장 중요한 <u>한 가지</u>는 무엇인가? (꿈)

하루하루 중요한 한 가지 일One Thing에 집중적으로 파고들어 처리하는 것이 성공을 만드는 강력한 힘이다. 나 역시 판에 박히거나 틀에 짜인 강의를 별로 좋아하지 않는다. 마음먹으면 초超집중적으로 파고들어 강의하다 보니 매번 정해진 시간도 넘기곤 한다.

미국의 하버드대학교 비전 연구센터가 미국에서 가장 성공한 최고 기업인 150명을 심층 연구한 결과 그들에겐 다음의 공통점이 있었다.

바로 큰 꿈을 갖고 경영을 이끌어갔다는 것이다. 처음에는 사람들이 너무 꿈이 커 비웃었고 말도 안 되는 일이라며 무시했지만, 그들은 그 한 가지 꿈을 향해 하루하루 신실히 실천을 더했다. 결국 이것이 그들을 각자의 분야에서 1등, 1위, 1인자로 만드는 원동력이 되었다.

투철한 꿈, 원씽을 목표로 하면 분명 성장할 것이다. 워런 버핏도 꾸준히 투자 실험을 하며 다양한 자산을 운영하는 투자 포트폴리오를 만들었다. 매일 독서하고 새로운 경제를 공부했다. 이러한 노력으로 돈 벌 기회를 포착하여 돈으로부터 자유로워졌다.

한 번은 기자가 빌 게이츠에게 물었다.

"비즈니스에서 반드시 성공할 수밖에 없는 강력한 힘을 가진 사람은 어떤 사람인가요?"

빌 게이츠가 답했다.

"자신이 좋아하고 하고 싶은 일에 전념하는 사람입니다."

성공한 사람들은 자신이 좋아하는 일, '원씽'을 선택하여 열정적으로 즐겼다. 선택한 원씽에 초집중하여 파고들자. 곧 성과를 내고 새로운 것을 창출한다. 분명 부의 기회가 찾아온다.

지금 강렬한 꿈을 품었다면 변화는 시작된 것이나 다름없다.

많은 사람이 하루 일과에서 성과를 내지 못했다며 좌절감을 느낀다. 이는 일상의 분주함에 쫓겼기 때문이다. 매일 같은 일상의 틀에 묶여 살면 성과를 낼 수 없다. 원씽에 초집중하자. 결연하게 한 방향으로, 한 가지 목적으로 나아가자. 결국 긴 터널을 지나 부의 계단에 오르게 될 것이다.

이까짓 것에 질 수 없다

지금 우리에게 필요한 것은 '이까짓 것에 질 수 없다'는 격하고도 불타는 투혼이다. 벚나무는 추운 겨울일수록 더욱 아름다운 꽃을 피운다고 알려져 있다. 그렇게 추운 겨울을 잘 견뎌낸 다음 제철이 되면 아름다운 꽃을 피운다. 지속적인 경기침체와 불황이야말로 필사적으로 버텨왔던 외골수로, 불타는 투혼으로, 정열적으로 준비한 자가 목표를 향해 나아갈 절호의 기회다. 자신의 체질을 강화하면 위기와 불황을 성장의 기회로 삼아 얼마든지 앞으로 나아갈 수 있다.

일본 3대 경영의 신(神)

일본에는 '경영의 신(神)'이라 불리는 세 명의 기업가가 있다. 마쓰시타 고노스케, 혼다 소이치로, 이나모리 가즈오를 말한다. 그런데 이들의 아버지들은 더 놀랍다. 그들의 가정은 모두 가난했고, 배움의 기회도 갖지 못했다. 우리 주변에서 흔히 볼 수 있는 가정이었다. 하지만, 자녀들에게는 자립할 수 있는 정신을 유산으로 남겨주었다. 어떤 상황에서도 포기하지 않는 불굴의 정신을 가지면 반드시 성공할 수 있다는 마인드를 유산으로 남겨주었다.

교세라, 다이니덴덴KDDI 창업주이며 일본에서 존경받는 기업인인 이나모리 가즈오Inamori Kazuo, 1932~는 "이까짓 것에 질 수 없다는 강한 마음을 품어라"는 신념을 갖고 일했다. 그는 최악의 침체와 불황에도 강한 '불요불굴不撓不屈, 휘지도 않고 굽히지도 않는다'의 정신과 맨손으로 성공적인 기업을 일구어 냈다.

창업하기 전에 가즈오는 한 회사에 취업을 했다. 그런데 회사가 부도나기 직전이라 직원들은 미래가 없다면서 회사를 모두 떠났다. 하지만 가즈오는 끝까지 회사에 남았고, 새로운 돌파구를 찾았다. 결국 불타는 투혼으로 교세라 그룹을 창업했다.

일본 파나소닉을 창업한 마쓰시타 고노스케Matsushita Konosuke, 1984~ 1989는 독창적인 아이디어로 23살에 전기산업을 창업했다. 그가 남긴 말중 "물건을 만들기 전에 사람을 만든다"라는 말이 있다. 또, 그의 경영철학중 하나는 "불황은 기회다"이다. 즉, 위기와 불황을 발전의 호기로 보고 긍정적으로 대처했다.

그는 초등학교도 졸업하지 못했고, 먹고 살기위해 전등회사에서 일했다. 그 경험을 밑천으로 플러그와 소켓을 만드는 작업을 시작했고, 결국 일본 최대의 전자제품 회사를 만들었다.

마쓰시타 고노스케의 성공비결은 여전히 많은 사람에게 회자되며 감동을 준다. 그는 자신이 기업가로 크게 성공한 비결을 다음 세 가지 덕분이라고 밝혔다.

> "첫째는, 몹시 가난해서 어릴 적부터 구두닦이, 신문팔이 같은 고생을 하면서 많은 경험을 쌓을 수 있었다.
> 둘째는, 태어났을 때부터 몸이 몹시 약해서 항상 운동에 힘써 왔다.
> 셋째는, 초등학교도 못 다녔기 때문에 세상의 모든 사람을 다 스승으로 여기고 열심히 배우는 일을 게을리 하지 않았다."

마쓰시타 고노스케의 투철한 도전정신과 긍정적인 태도는 기업이 크게 성장할 수 있도록 만들었다. 그는 특히 인재 활용에 신중했다. 모든 인재를 적재적소에 배치해 그 능력을 최대한 발휘토록 했다.

그런가 하면 원대한 꿈을 품어 기업을 일구어 낸 혼다 기업 창업자 혼다 소이치로Honda Soichiro, 1906~1991는 실패의 정신을 이렇게 정의했다.

> "결과가 좋지 않았다면 다음에 그 실패를 기초로 새로운 것을 개발했으면 한다."

혼다 소이치로는 평소 아이디어가 떠오르면 종이에 적었다. 어느 때는 삼일 동안 식음을 전폐하고 연구에 몰두하기도 했다. 자전거 가게에서 아버지를 도와 일을 배우면서, 미래에는 자동차 시대가 올 것을 예측하고는 자동차 수리공으로 일하면서 혼다 차를 설립하게 된다. 소이치로는 자신의 성공 비결을 다음의 말로 갈음하였다.

"성공은 1퍼센트의 노력과 99퍼센트의 실패에서 온다."

성공하는 사람들은 실패나 실수가 계속 되더라도 포기하지 않고 실패의 요인을 찾아 다시 도전하기를 멈추지 않는다는 것이다.

일본 3대 경영의 신들을 만든 일등공신은 실패할지라도 다시 일어나 새로운 내일을 준비한 마음가짐이다. 그들은 위기와 불황에도 좌절하거나 현실에 안주하지 않았다. 마침내 최고의 자리까지 올라서 일본 '경영의 신'으로 불리게 된다.

반골 기질의 상인정신

일본 기업 캐논Canon에는 3자自 정신의 행동지침이 있다. 이 정신은 절대 가치를 행동으로 삼고, 스스로의 책임을 강조하는 것이다.

> 1) **자발(自發)**: 무엇이든 스스로가 주체적으로 대응한다.
> 2) **자치(自治)**: 스스로가 지키고 관리한다.
> 3) **자각(自覺)**: 스스로가 놓인 상황을 잘 인식한다.

나는 일본 오사카에 다녀온 후로 '상인商人정신'이라는 단어를 아끼게 됐다. 일본에는 교토 상인, 오사카 상인, 오미 상인, 도쿄 긴자 상인, 나고야 상인 등 5대 상인이 있다. 이들은 모두 400년에서 1,000년 이상 장사를 해오면서 상인정신을 만들어 왔다. 특히 오사카 상인은 '하늘이 두 쪽 나도 반드시 신용은 지킨다'라는 상도를 갖고 개방적인 태도를 취한다. 일본의 제2도시로 100년 이상 된 점포가 500개 넘을 정도로 상인 기질이 강한 곳이다. 그들은 신용을 생명처럼 여긴다.

오사카는 일본 역사의 중심지로 최고의 상업 도시다. 일찍이 '일본의 부엌'이라는 말까지 들을 만큼, 여기서 못 구하는 물건은 천하 어디에서도 구할 수 없다고 할 만큼 상업이 번창한 도시며, 상인정신이 강한 곳이었다.

서기 790년에 창업한 부채가게 〈마이센도〉 기온점 외경

오사카 상인들은 다른 문화에 개방적이고 역동적이다. 폐쇄적이지 않다 보니 시대의 변화와 트렌드, 돈의 흐름을 빠르게 읽는다. 그래서 오사카에는 반골 정신을 갖고 새로운 창조를 모색해 온 강소기업强小企業들이 많다.

홍하성의 책 〈오사카 상인들〉에도 오사카 상인들의 덕목을 알 수 있는 말이 나온다.

"장사를 하더라도 욕심 부리지 않는다."

"고객 중심의 친절한 서비스가 최고의 정신이다."

상인정신이 투철한 오사카 상인들은 고객이 필요로 하는 모든 상품을 만들어 낸다. 라면을 처음 개발했으며, 회전 초밥도 최초로 만들었다. 그들은 사람들과의 신뢰를 가장 제일로 친다. 손님이 있는 한 사업은 영원하기 때문이다. 이익은 그다음이었다.

일본 교토에서는 '아킨도_{しょうにん} 상인'이라는 말이 있다.

'아킨도'라는 말은 '상인 중의 상인'이라는 뜻으로 자부심을 지닌 교토 상인을 가리킨다. 그들은 싼값에 좋은 물건을 제공하는 것을 기본 철학으로 둔다. 우리에게 익숙한 의류 브랜드 〈유니클로〉도 교토에 기반을 둔 기업이다.

교토에는 천년이 넘은 기업도 있을 정도로 유난히 역사가 오래된 기업이 많다. 오래도록 성장해 온 원동력은 소신 있는 선택과 집중을 통한 독창적인 기술이다. 무리해서 덩치만 키우기보다는 선택한 것에 초집중하여 최고를 만든다. 보여주기식이 아니라 선택한 분야에서 으뜸이 되기 위한 기술을 고집한다. 즉 반골 기질이다.

반골反骨 기질이란 고정관념이나 관습에 구애받지 않고 자신만의 신념을 내세우는 것이다. 뜻은 '뼈가 거꾸로 되어 있다'는 의미이다.

이쯤에서 여러분들에게도 묻겠다.

"당신은 반골 기질을 갖고 일하고 있는가?"

앞으로 모든 분야에서 1위, 1등, 1인자가 되기 위해서는 반골 기질의 상인정신이 필요하다. 그저 남의 것을 흉내 내지 않는 나만의 반골 기질과 창의성으로 승부를 걸어야 한다. 이는 으뜸이 되는 원동력이다.

창의성과 전문성을 갖춘 조직

이제 혁신革新 또는 이노베이션innovation은 워낙 흔하게 사용하는 단어가 되었다. 그런데 혁신을 이루려면 먼저 그 혁신을 지속적으로 만들어 낼 수 있는 조직을 갖추어야 한다. 혁신은 새로운 것을 만든다. 사물, 생각, 진행 상황 및 서비스에서의 점진적이고 급진적인 변화를 일컫는 말이다. 표준국어대사전에서는 혁신을 '묵은 풍속, 관습, 조직, 방법 따위를 완전히 바꿔서 새롭게 함'이라고 정의한다.

미국 혁신 100년의 창조적 기업인 '3M'사는 실패를 두려워하지 않고 다양한 시도와 도전정신을 실행에 옮겨 성장을 거듭하여 왔다. 미국 미네소타주 세인트폴에 본사를 둔 초국적 우량기업으로 'Minnesota Mining&Manufacturing'의 첫머리를 따 '3M'이다. 1902년에 의사, 변호사, 정육점 주인, 철도사업가 등 5명이 1천 달러씩 출자해 숫돌제조업체에 공급하는 강옥석의 채굴을 목적으로 하는 사업을 시작했다. 3M사는 혁신 지향적인 조직문화를 갖고 조직의 창의성을 가장 중요시한다. 조직은 창의성과 전문성을 갖춘 도전적인 인재를 중심으로 구성한다. 규칙으로는 최선을 다했지만 실패한 연구원들에게 실패파티를 열어주는 등 실패로부터의 학습을 권장한다.

3M Company

　3M 기업이 혁신을 통해 성공할 수 있었던 이유는 무엇보다 인내의 투자 Patient Money가 있었기 때문이다. 누가 반대하더라도 꿈의 실현을 향해 철저히 준비하고 인내를 갖고 장기적으로 투자했다. 실패하더라도 오로지 꿈의 기술을 향해 깊이 파고들었다.

　앞으로는 더욱 치열한 경쟁 사회로 상대가치보다 절대가치를 더 높은 목표로 삼는 강한 질주가 필요하다. 위기와 불황일 때야말로 확고한 결단으로 1등을 향해 도전할 때다. 어려울수록 발 빠르고 목표 지향적인 혁신을 실천하면 더 나은 경쟁력을 갖추는 기회로 삼을 수 있다.

"돈이 되는 금융경제 공부습관"

» 더 생각해 볼 주제

'3도'의 원칙

성공하는 사람은 하루의 시작부터 '3도'의 원칙을 습관화하여 실천한다.

1) **도박**: 매일 만나는 사람을 마치 도박하듯 설레며 긴장하고 감동적으로 대한다.
2) **도전**: 새로운 것을 피하기보다 도전하고 모험한다.
3) **도움**: 교제에서 가장 먼저 도움을 줄 것을 찾아낸다.

» 꼭 실천해야 할 지침

태도의 중요성

성공한 사람들의 특징은 탁월한 태도다. 성공의 요소별 비중을 말할 때 '지식, 기술, 태도' 중 태도가 80%를 차지한다. 그렇다면 당신의 태도는 어떤가? 아래에 기술해 본다.

_____

_____

_____

_____

_____

_____

_____

억대 말하기 기술

말을 잘하면 돈을 벌 기회도 많아진다. 애플의 창업주이자 큰 부자였던 스티브 잡스가 숨겨둔 성공의 비밀이 있다. 바로 그가 꿈을 담아 미래를 이야기하는 스토리텔러이야기꾼였다는 것이다. 놀랍게도 잡스뿐 아니라 부자들은 공통적으로 말을 유창하게 잘한다. 당신 역시 말을 잘하면 곧 부자가 될 기회를 얻게 될 것이다.

당신의 말솜씨는 어떤가?

_____

_____

_____

_____

_____

_____

Part 3

돈 버는
마인드 수업,
부의 온도

스스로 굴러가는 부의 습관 만들기

"부자는 놀아도 쉬어도 휴가를 가도
돈이 들어온다."

- 부와 관련된 격언

부자들의 특별한 습관

부디 여러분의 지갑이 돈으로 차고 넘쳐 행복한 삶이 가득 쌓이기를 바란다. 또, 사둔 자산들의 가치가 크게 오르고 늘어나기를 희망한다.

뛰어난 투자가들은 모두가 좋아하는 것을 매입해서는 큰돈을 벌 수 없다고 말한다. 모두가 과소평가하는 것을 매입해야 큰돈을 번다고 말이다. 즉, 다른 사람들이 보지 못하거나 평가하지 못하는 가치를 볼 줄 알아야 한다. 그래서 성공적인 투자자들은 고독한 길을 오랫동안 혼자 걷는다는 말도 있다.

부의 설계가 빈약한 사람들은 하루라도 놀면 들어오던 돈이 끊겨 경제적으로 큰 어려움을 겪게 된다. 그래서 매일 지겹다면서도 같은 일을 반복한다.

섀런 M.매그너스가 영국의 백만장자 300명을 조사한 결과를 토대로 쓴 〈부자에겐 특별한 법칙이 있다〉라는 책을 보면, 부자들의 특별한 법칙 중 하나가 정직, 성실하게 하루하루 좋은 습관을 실천하는 것이라고 한다. 즉, 부자란 좋은 습관들이 만들어 낸 결과물이다. 이 책을 통해 부의 습관들을 꾸준히 실천해 나간다면 여러분에게도 확실히 부자가 될 기회가 찾아올 것이다. 이 책에서 소개하는 것들이 정말 실제 부자들의 특별한 습관이기 때문이다.

사람들은 누구나 경제적 부자가 되고 싶어 한다. 그런데 놀라운 것은 모두 부자가 될 잠재력을 이미 가지고 있다는 사실이다. 문제는 이를 활용할 생각을 못 한다는 것이다. '부富'는 특별한 사람에게만 주어진 능력이라고 믿는다.

부가 자신을 향해 스스로 굴러가도록 적극적인 태도로 삶의 변화를 꾀해야 한다. 바로 스스로 굴러가는 부의 습관을 만들어 놓아야 한다.

이때는 목표가 중요하다. 현대 경영학의 아버지로 불리는 피터 드러커는 "자신의 업무에 대해 정확한 목표를 갖고 있지 않은 사람이 돈을 벌 확률은 0.000001%보다 적다"라고 말했다. 나 역시 분명하게 말하는데, IT 산업 중심의 자본주의 체제에서는, 싫든 좋든 돈이 나를 위해 일하도록 만들어 놓아야 자산이 늘어날 수 있다.

센 부자 마인드

구약성경 역대기상 4장에 보면 고통과 슬픔 어린 현실에서도 굴하지 않고 대차게 기도한 '야베스Jabez, 고통을 겪다'라는 인물이 나온다. 야베스는 일찍이 아버지를 여의고 어머니 밑에서 가난하게 성장하였다. 하지만 그는 하나님이 부요케 하시는 분임을 전적으로, 그것도 아주 크고 대차게 믿었다. 야베스는 기도도 크고 세게 하였다. "내게 복에 복을 더하사개역한글"라고 기도하였다.

> "하나님이시여, 나를 축복하시고 나에게 많은 땅을 주시며, 나와 함께 계셔서
> 모든 악과 환난에서 나를 지켜 주소서." (역상 4:10 현대인)

성공과 번영, 안정과 풍요, 건강과 장수, 생명과 자손 등 줄 수 있는 것은 뭐든 다 달라고 기도하였다. 하나님은 그런 야베스의 대찬 믿음을 보시고는 감동하여 당대의 큰 부자가 되게 해주었다.

미국 철도 선박 왕으로 불리는 당대 최고의 대부호 코닐리어스 밴더빌트 Cornelius Vanderbilt, 1794~1877는 뉴욕 주변의 가난한 농가에서 태어나 산전수전을 겪고는 자신의 힘으로 부를 긁어모아 선박 왕이 된 인물이다. 그는 한 척의 보트로 해운업 사업을 시작해 증기선으로 사업을 확대하였고, 철도사업에도 진출하여 '철도 왕'으로도 불렸다. 그는 젊은 시절 이미 부자가

된 아버지에게 다음과 같이 물었다.

> "아버지, 그 많은 돈을 어떻게 벌 수 있었습니까?"
> 아버지가 부자의 비밀을 말해주었다.
> "아들아, 난 처음부터 부자는 아니었고, 노예의 조상이었다. 일당 25센트를 받으며 부두에서 일하는 아주 가난한 사람이었다. 하지만 나는 단 하루도 내가 큰 부자가 될 것이라는 생각을 의심해 본 적이 없었다."

그때, 아들 밴더빌트의 뇌리를 스치는 <u>부의 철학</u>이 있었다. 그는 어떤 상황에서든 반드시 "나는 부자가 될 수 있다"고 믿는 믿음이 가장 중요하다는 사실을 깨달았다. 밴더빌트는 곧바로 부자 아버지처럼 자신도 부자가 되겠다는 강한 욕망을 갖고 말했다.

> "아버지, 전 아버지에게 한 푼도 물려받지 않겠습니다. 대신 밑바닥에서부터 일을 시작하겠습니다."

밴더빌트는 부를 위해 사람에게 의지하려던 생각을 버리고는 무엇이든 '스스로' 하겠다는 강하고 확고한 부의 철학으로 결국엔 부자가 되었다.

이처럼 누군가로부터 물려받은 자산이 아닌 자기 기반이 탄탄한 부의 철학과 "나도 부자가 될 수 있다"는 확신의 믿음이 필요하다. 그 확고한 부자 마인드를 갖기 시작하면 삶을 대하는 태도가 달라진다.

금융구사능력 키우기

　가치 투자의 대가 존 템플턴은 1930년대 뉴욕 증권거래소에서 1주에 1달러 이하인 상장 기업 104곳의 주식을 각각 100주씩 매입했다. 그중 30개 이상의 기업이 파산했으나 남은 약 70개 종목의 주가가 대폭 상승했고, 결국 그 주식들로 거대한 이익을 올렸다. 이는 돈의 속성을 읽고 흐름을 타는 일이 얼마나 중요한지 보여주는 사례다. 부자가 될 것이란 자기인식을 목표화했다면, 먼저 기업 가치를 파악하는 등 자본시장을 꿰뚫고, 폭넓은 시각으로 실물경제를 읽어야 한다. 때론 자신만의 식견을 통해 경제시장의 흐름도 예측할 수 있어야 한다.

　자본주의 사회에서 돈은 중요한 역할을 한다.

　돈은 이혼의 큰 원인이며, 일상의 가장 큰 스트레스 요인이 되기도 한다. 돈을 생각하는 행위 자체가 사람의 머리를 뒤헝클어 놓는다. 그렇다면 돈과 관련한 생각들을 떠올릴 때, 이를 이성적인 방식으로 예리하게 가다듬으려면 무엇을 해야 할까?

　우선 금융교육financial education이 필요하다. 그런데 정작 우리 사회는 사람들에게 금융구사능력financial literacy을 키우는 일을 그리 중요시하지 않는다. 여기서 영어 단어 'literacy'는 읽고 쓰고 말하는 능력을 말한다. 즉, '금융구사능력'이란 한 사람의 일상 또는 일생 전반에 필요한 금융, 재정적 기술과 전략을 이해하고 습득하는 능력이다. 스스로 돈이라는 자본주의 사회의 자원을 다루고 관리하는벌고, 소비하고, 모으고, 투자하는 등의 전반적 행위

과정에서 꼭 필요한 효율적이고 효과적인 선택을 내려 개인이 재정적 안정을 달성하도록 돕는 능력이다.[1]

다음에 소개하는 금융구사능력을 이용하면 개인이 자금의 사용 결정과 금융을 최선으로 관리할 수 있다.

〈금융구사능력 관련 항목〉
- 기회비용
- 자산과 부채의 차이
- 가치 비교 구매
- 정치, 세계 경제 & 산업적 변화 분석
- 전문적 커리어 및 라이프 스타일 개발
- 다양한 금융 상품 파악
- 재무 계획과 예산 기획

자본주의 시장에서 의미적으로 돈도 냄새가 있다. 그 돈 냄새를 맡고 금융구사능력을 화려하고 유창하게 표현하고 설득할 줄 알아야 한다. 그래서 나는 그 일환으로 금융경제 교육을 통해 금융구사능력과 부富의 감각을 키우는 일을 실천하고 있다.

---

1   참고 자료 출처: City National Bank (https://www.cnb.com)

인간적 열정

요즘도 당신은 하는 일에서 "미쳤다"는 소리를 듣고 있는가?

어떤 일에 푹 몰입하여 "미쳤다"는 소리를 듣는 건 좋은 칭찬이다. 하고 있는 일에 "미쳤다"는 말이 곧 성장이 기대된다는 의미이기 때문이다.

나는 각 분야에서 "미쳤다"는 소리를 듣는 CEO들을 인터뷰하기를 즐긴다. 그들과 인터뷰한 후에 참 놀라운 공통점을 발견했는데, 그건 바로 그들이 누구나 그렇듯 결점을 가진 사람이었다는 것이다. 더 중요한 공통점은 자신의 일에 대한 열정과 긍지만큼은 1등 전문가였다.

일찍이 경영학 MBA을 전공한 나는 미국 경영컨설턴트 짐 콜린스의 기업 비즈니스를 경영모델로 삼았다. 그의 초대형 베스트셀러 책 〈좋은 기업을 넘어 위대한 기업으로Good to Great〉에 보면, 세계 최고 CEO들의 주요 특징 중 하나가 '인간적 열정'이었다. 또, 포춘fortune지에 500대 기업으로 선정되었던 1,435개의 기업들을 조사한 결과, 15년 동안 지속적으로 3배 이상의 누적 주가 수익을 달성한 기업은 11개뿐이었다. 더욱 놀라운 사실은 그 11개 초우량 기업들의 성공 요인이 '탁월한 리더십'에 있었다고 밝힌 것이다.

이쯤에서 다음 질문에 스스로 답해보라.

- 위대한 기업을 이끌고 싶은가?

- 자신의 분야에서 크게 성공한 인재가 되고 싶은가?

- 실로 대단한 1인자가 되고 싶은가?

- 부를 끌어당겨 주는 가장 큰 자산은 무엇이라고 생각하는가?

위 물음들에 대해 긍정적 답변을 하고자 한다면, 앞서 예시했듯 먼저 자신이 선택한 직업이나 분야에서 주변 사람들로부터 "미쳤다"는 소리를 들어야 한다. 그러한 인간적 열정을 갖춰야 탁월한 리더십으로 주변에 영향을 줄 수 있고, 사람들의 협력을 끌어내 목표도 성취할 수 있다.

여기서 '미쳤다'는 말은 단순한 열정만을 뜻하지 않는다. 열정을 다함과 동시에 기존의 낡은 통념과 고정관념에서 벗어나 새로운 혁신을 시도함을 뜻한다. 보다 높은 목표를 향해 지속적인 열정을 갖고 나아갈 때, "미쳤다"는 말을 듣게 될 것이다.

그러므로 위 네 가지 질문과 관련된 공통된 답 역시 '인간적 열정'이다.

이는 열정 가득한 도전정신이다.

성공은 완주뿐 아니라 그 완주를 위해 질주하는 과정에 있다.

꼭 앞을 향한 돌파만 중요한 게 아니라 그 과정에서 주변도 살피고, 실패를 통해서도 배운다. 무엇보다 다시 도전을 멈추지 않으면 된다. 실패할지라도 좌절하지 말고 훌훌 털고 일어나 앞으로 나아간다.

성공이란 자신만의 스타일을 찾아 뜨거운 열정을 불사르는 것이다. 그래서 진짜 성공하고 싶다면, '나쁘지 않다' 정도의 수준에 머무르기보다 '하는 일에 있어 정말 미쳤다'는 말을 듣는 수준이 돼야 한다. 더 높이 비상하려면 딴 곳을 쳐다보는 일은 멈춘다. 어제의 성과가 달콤해도 즉각 탯줄을 끊고 둥지를 떠나 새로운 곳에 발을 딛고 비상하기 위함이다.

그렇다면 끊임없이 독창적인 창작물과 아이디어를 만들어 내는 사람들의 특징이 무엇일까?

바로 혼신을 다해 더 높은 것을 지향한다는 것이다.

다시 다음의 질문에 스스로 답해보라.

- 나는 어디에서 삶의 영감을 얻는가?
- 지금 무엇이 나의 마음을 두드리는가?
- 사람은 무엇으로 사는가?
- 나의 타고난 재능은 무엇인가?

이 질문들에 대한 답을 통해 "나는 무엇으로 사는지?"를 알 수 있을 것이다. 하지만 '열정'이란 말이 과다하게 힘을 쏟으라는 의미는 결코 아니다. 이쯤 해서, 인류 최초의 의문이자 최고의 철학적 물음인 "(내가 아닌) 사람은 무엇으로 사는가?"를 생각해 보자.

위 질문에 〈죽음의 수용소에서〉를 쓴 오스트리아 정신과 의사 빅터 프랭클Viktor Emil Frankl, 1905~1997은 다음과 같이 말했다.

"나 자신을 사랑했기 때문에 살아남을 수 있었다."

그런가 하면 러시아의 작가 톨스토이도 '사랑'을 꼽았다.

여기서의 '사랑'은, 단순히 자신을 향한 사랑이 아닌 타인에 대한 사랑도 포함한다. '사랑하며 나눌 때 풍요도 찾아온다'는 위대한 발견이 실은 숨어 있는 것이다.

풍요 마인드에 집중하기

'인생'이란 주어진 삶을 진지하고 소중하게 대하며 느긋하게 일을 사랑할 때 더 나은 풍요를 창출한다. 분주하고 집중이 어려운 생활과 스트레스를 받아 저하된 마음가짐에서는 창의적이고 기발한 생각도 잘 떠오르지 않는다. 반대로 기분이 고양되어 편안하고 안정적이며 여유로우면 반짝반짝 빛나는 영감들이 떠오른다. 이때 상상의 나래를 마구 펼쳐 잊지 않게 적어도 보자.

만약 여러분이 누군가에게 성공하는 방법을 오직 한 가지만 조언한다면 무엇을 말해주겠는가?

나는 '여유 있는 집중'을 꼽을 것이다. 느긋하고 여유가 있어야 탁월한 선택을 하기 때문이다. 인간은 여유 속에서 신중을 기할 수 있다. 이는 자동차에 기름이 가득 차 있어야 주변도 살피며 운전에 집중할 수 있는 것과도 같다.

빅터 프랭클의 저서 〈죽음의 수용소에서〉는 자기계발 분야에서 빠지지 않는 필독서다. 죽음의 아우슈비츠 강제수용소에 관한 이 실제 수기에서 프랭클은 매일 누군가 죽어가는 상황에서도 사랑을 실천할 수 있는 마음이 가득했기에 그 엄청난 고통도 이겨낼 수 있었다고 한다.

"성공에만 초점을 맞추지 말라, 성공은 의도적으로 찾을 수 있는 것이 아니라 자연스럽게 찾아오는 것이다."

"지금의 어려움과 고통을 사랑하라."

프랭클이 눈앞에 산재한 절망적인 상황과 결핍에만 집중했다면, 결코 살아남았을 수도, 위대한 유산으로서의 책도 집필할 수 없었을 것이다. 그는 자신에게 남은 풍요 마인드에 집중했다. 가늠할 수 없을 정도로 힘들었지만 포기하지 않았다.

어떤 상황에서도 이겨내는 인생은 여유 있는 집중을 통해 이루어진다. 여기서 '여유'의 의미는 목표를 잊고 대충 살라는 뜻이 아니다. 누구보다 목표에 집중하되 여유롭고 세심한 선택과 유연한 조절로 공감력도 키우라는 것이다. 휴식에서 아이디어가 나오는 경우도 많다. 많이 휘어진 것은 곧게 펴고, 강도가 센 것은 느긋하게 하여 균형을 갖출 필요가 있다.

우리의 관심과 사랑이 필요한 곳은 없는지도 살핀다. 자신만이 들을 수 있는 소리를 포착하고, 하루하루 삶에 설레며 집중한다.

이제 프랭클처럼 현재를 충실히 여기고 절망 속에서도 미래를 맞이할 기대감을 갖자. 그렇게 좋은 선택들을 하나씩 쌓아 참된 인생을 만들며 앞으로 나아가는 것이다.

붐비지 않는 블루오션 시장

지금 문득 떠오른 물음인데, 여러분도 함께 생각해 보기를 권한다.

- 어떤 사람이 최고의 자리에 오르는가?
- 붐비지 않는 유일한 독창적인 시장은 어디일까?
- 소중하게 꿈꿔온 삶의 방식이 있는가?

모든 블루오션의 맨 꼭대기, 최고 전문가 자리, 독창적인 무대는 절대 붐비지 않는 유일한 시장이다. 각 분야의 최고 구루Guru, 뛰어난 스승, 전문가만 존재한다. 유명한 책 〈초우량 기업의 조건〉을 써 최고 경영 구루가 된 혁신가 톰 피터스Tom Peters, 1942~는 이렇게 말했다.

"오늘 하루가 끝나기 전에 근사한 일을 해야 한다."

최근 대한민국 문체부 조사에 따르면 국민의 독서율, 독서량, 독서 시간 등 독서 관련 지표가 매년 더 낮아지고 있다. 그런데 톰 피터스는 사람들이 성공하지 못하는 이유를 이렇게 말했다.

"책을 충분히 읽지 않는다."

성공한 사람들의 요인을 이렇게 말했다.

"뛰어난 사람들은 모두 독서광이었다."

최고 경영 구루들은 왜 독서의 중요성을 강조했을까?

요즘 사람들은 바쁜 일상에 떠밀려 거의 독서를 안 한다. 그런데 성장 브랜드 전략에서 가장 중요한 것이 사색과 독서다. 읽고 또 읽고, 거듭 읽고, 사색하는 지속적인 독서를 통해 창의성과 통찰력을 키울 수 있다. 누구든 책을 탐독하고, 모르면 배워야 한다. 빌 게이츠, 워런 버핏, 손정의 등 누구나 알 만한 기업가들도 당연히 독서광이었다. 독서가 그들을 부의 계단으로 올려준 것이다. 지금 절대 붐비지 않는 시장은 바로 '독서 시장'이다. 성공하려면 사람들이 전혀 붐비지 않는 독서 시장에 지금 빨리 뿌리를 내리는 것이 좋다. 서둘러 독서 시장을 장악해야 한다.

영업 컨설턴트이자 강연 전문가 스티브 시볼드Steve Siebold의 다음 말에서 괄호 (　　)에 가장 적합한 말을 유추해 보자.

"부자가 사는 집에 걸어 들어가서 봤을 때 제일 먼저 눈에 들어오는 것 중 하나는 그들이 더 성공하기 위해서 마련한 (　　)이다."

괄호(　　)의 단어는 공부할 때 읽은 책들로 꾸며진 아주 넓은 '서재(책장)'다.

부자의 습관을 연구한 토마스 C. 콜리Thomas C. Corley와 백만장자를 30년간 인터뷰한 스티브 시볼드가 꼽은 부자들의 가장 큰 공통점은 바로 '독서(공부)'였다.

부富에 관한 답은 끝없는 연구와 꾸준한 독서와 그로 인한 배움에서 찾아야 한다. 책도 읽지 않고, 사색도, 새로운 배움도 갖지 않는 사람이 부자가 될 기회는 적다. 세상을 가치 있게 살다갔거나 살아가는 사람들, 커다란 성과를 일군 사람들, 현명하고 지혜로운 사람들은 단 한 명의 예외도 없이 독서와 배움을 즐겼다. 매일 독서를 실천하는 사람이 그렇지 않은 사람보다 훨씬 더 창의적이고 통찰력을 갖추게 될 것은 자명하다.

어제보다 삶이 더 풍요로워지기를 바란다면 일상에서 지금 당장 독서를 실천해야 한다. 처음에는 시간도, 분량도, 조금씩 정해 시작하면 된다. 꾸준한 독서 실천이 당신의 미래를 지탱하는 건실한 뿌리로 분명 자리매김할 것이다.

붐비지 않는 독서 시장에서 답을 찾기를 바란다.

독서하지 않으면 성장이 멈추는 게 아니라 퇴보한다. 부의 지름길로 가기 위해서는 독서가 답이다.

"돈이 되는 금융경제 공부습관"

» 꼭 실천해야 할 지침

스스로 지킬 규칙 정해 놓기

사람은 스스로 정한 규칙을 먹고 자란다. 꼭 지켜야 할 규칙을 정하고, 일관되게 하루하루 최선을 다하며 성실하게 실천하자.

〈매일 지켜야 할 규칙 5가지〉

1) 선택은 신중하게 한다.   2) 신용을 중요시한다.   3) 잘 웃는다.

4) 하루하루 열정으로 최선을 다한다.   5) 독서, 배움의 시간을 갖는다.

왜 아직 부자가 되지 못했는지 10가지 체크하기

☐ 현재에 최선을 다하고 있는가?

☐ 항상 즐겁고 신나게 살고 있는가?

☐ 조잡한 사고를 버렸는가?

☐ 미래에 대한 참신한 전략이 있는가?

☐ 건강한가?

☐ 주말을 잘 활용하는가?

☐ 돈, 자본에 대한 경제적 감각이 있는가?

□ 생각이 넓고 큰 꿈을 갖고 있는가?
□ 사람들을 충분히 배려하고 경청하는가?
□ 대인관계의 폭이 넓은가?

» 부자들의 좋은 성격 15가지

1) 누구에게나 인격적으로 친절하다.

2) 자신에게 엄격하다.

3) 항상 배우고 연구한다.

4) 말이 적고 생각이 깊다.

5) 기부와 봉사를 실천한다.

6) 성실하고 부지런하다.

7) 활동적이고 열정적이다.

8) 창의적 아이디어가 풍부하다.

9) 독서와 공부를 게을리하지 않는다.

10) 주변에 좋은 친구와 멘토가 많다.

11) 위트, 유머, 재치가 넘친다.

12) 항상 미래를 대비한다.

13) 외모에 신경을 쓴다.

14) 화를 내지 않는다.

15) 약속을 잘 지킨다.

부를 향한 경쟁력 키우기

"투자자가 믿고 의지해야 할 대상은 경기 사이클도, 정책도
아니다. 성장 의지가 강하고 실행력을 갖춘 경영자이다."

- 성장주 투자의 아버지, 필립 피셔

혹독한 훈련의 길드 마스터

경제 장인匠人 길드guild는 유럽 중세도시의 수공업자 조합이다.

당시 뜨개는 베개, 스타킹, 파우치, 의복을 만드는 데까지 실용적으로 활용되었다. 특히 르네상스 시대 남성의 옷장에는 스타킹이 꼭 필요했다. 뜨개 스타킹의 유행으로 이탈리아와 스페인 남자들은 꼭 뜨개 스타킹을 착용했다.

숙련공들의 노동조합인 '뜨개 길드'는 1268년 프랑스에서 설립되었다. 회원 자격을 얻기 위해서는 지원자에게 주어지는 모든 시험을 통과해야 했다. 뜨개 마스터이자 길드인이 되려는 남자는 6년의 강도 높은 훈련 시간을 바쳐야 했다. 뜨개 길드 조합은 매우 경쟁적이고 엄격하며 숙달된 기술자들의 노동조합 형태로 남자들만의 길드로 설립되었다.

중세에서 근세에 이르기까지 유럽의 도시를 중심으로 장인이나 상인, 수공인들이 조직한 길드는 어떻게 형성되기 시작했을까?

로마의 도시문화와 전통이 끈질기게 살아남아 비교적 이른 시기에 상업, 특히 이탈리아를 중심으로 하는 지중해 무역으로 부를 축적하는 도시가 나타났다. 11~13세기에 이르는 사회가 안정되는 시기를 기점으로 활발한 상업 활동이 꽃피기 시작하였다. 지중해 무역은 물론, 새로운 모직물 무역이 점차적으로 내륙에 전파되어 전 유럽에 경제적 활기가 감돌았고, 상인들의 생활터전으로 변모했다. 그렇게 활발한 상업 인구가 증가하고 경제력이 커지자, 상인들은 스스로를 지키기 위해 그들의 거주지 주변에 새로운 성벽을 쌓기 시작했다. 중세 도시의 상인들과 수공업자들은 커진 활동의 규모로 '길드'를 조직하게 되었다. 길드는 자신의 분야에서 기술을 교육하여 전수하고, 직업적 경력을 쌓을 기회를 제공했다.

중세의 신발 길드 풍경

조각, 스타킹을 뜨는 단계
(양모로 실 짓기를 하고, 그것을 깨끗이
하고, 뜨개로 뜨는 것까지),
Chiristoph Weigel (1698)

길드 조합이 만든 사회

초기의 길드는 무역상의 동업자 조합 형태였으며 일반적으로 한 도시를 거점으로 단일 품목의 거래를 중재하였다. 길드의 핵심적인 특권은 해당 도시 내 재화와 용역의 판매에 대한 독점적인 지위를 갖는 것이었다. 길드는 상품의 최소가 또는 최대가를 조정하였고, 거래 개시와 종료 시간을 결정하였으며, 도제의 수를 제한하였다.

1088년 설립된 세계 최초의 대학인 볼로냐 대학교나 1096년 무렵 세워진 옥스퍼드 대학교, 1150년 무렵 시작된 파리 대학교 등도 애초에 길드 조합으로 출발한 것이다.[1]

중세의 길드 조직과 이후 길드 조합에는 차이가 있는데, 중세 길드 조직은 특정한 주제나 사안에 관심을 가진 사람들의 모임이었다. 즉, 중세 길드의 목적은 독립적 제조업자인 장인들의 배타적 조합으로, 돈 버는 것이 아닌 질서 잡힌 생활방식을 보존하는 것이었다. 장인들을 길러내고, 일을 조정하고, 그들이 필요한 것을 도와주는 역할을 했다.

그러나 1095년부터 1291년까지 거듭된 십자군 전쟁으로 중세 유럽에 새로운 풍경이 나타났다. 특정 마을, 도시에서 영업하는 상인들의 전부 또는 대다수가 참여하는 조합인 상인 길드로 많은 돈이 필요해진 것이다.

---

1   위키백과 사전

렘브란트 반 레인, 〈직물 길드 이사회(1662)〉, 캔버스 유화, 암스테르담 국립박물관

캔버스 속 5명의 관리인은 드레이퍼리 길드의 구성원들이 제조하고 염색한 직물의 품질을 유지하는 일을 담당했다. 전경에는 커다랗고 붉은, 수놓인 천으로 덮인 탁자가 있고, 모두가 검은 모자를 쓰고 있다. 수탁자는 책에서 노동조합의 회계를 검토하고, 모자를 쓰지 않은 기업의 하인이 뒤에서 이 장면을 보고 있다.

이후 생성된 '길드 조합'은 중세에서 근세에 걸쳐 유럽 여러 도시 상공업자 사이에서 결성된 각 직업별 조합을 의미한다. 사전적 정의로는 제품의 품질, 규격, 가격 등을 길드에서 엄격히 통제하여 품질 유지를 도모했다. 판매, 영업, 고용 및 직업 교육에 대해서도 독점적인 권리를 가지고 있었기 때문에, 자유 경쟁을 배제하고 길드의 구성원이 공존, 공영하는 것이 가능했다.

만약 소속된 길드에서 한 상인이 재산을 잃었다면 재기할 수 있는 최소한의 금전적 지원을 해주었다. 상인이 해적에게 죽었다면, 상인 조합의 타

길드원들은 장례비를 지원해 주고, 과부와 자식에게 경제적 지원금과 교육비를 보조해 주었다. 상인들은 스스로의 자식들을 길드 내에서 보살피기 위하여 '조합 학교'라는 것도 만들어 운영하였다. 다른 도시의 구성원이 길드가 존재하는 도시에서 물건을 팔면 추방당했다.

길드에서는 어떠한 개인플레이도 용납되지 않았고, 모든 생산과 유통이 통제되었다. 경쟁적 관계가 아닌 협동적 조합이었지만, 이는 비조합원의 생산을 가로막는 등 각 개인의 자유로운 경제활동을 저해했다고 평가받기도 했다.

요하네스 베르메르, 〈레이스 뜨는 여인(1669)〉, 루브르 박물관

돈이 절로 따라붙는 법

당신은 계산과 수치에 밝은가? 수치에 밝은 민족을 아는가?

유대인들은 세계적으로 수치에 매우 밝고 계산에 능하다. 우리가 날씨가 더울 때 "아주 덥다!"고 말한다면, 유대인은 "오늘은 기온이 30도가 넘었어"라고 표현한다. 반대로 날씨가 추워지면 "오늘 조금 추워졌어!"라고 하지만, 유대인은 "오늘은 어제보다 5도 낮은 영하 7도래"라고 표현한다.

이처럼 유대인은 일상생활에서 여러 수치에 밝고 계산이 매우 빠르다.

앞으로 자본주의 사회에서 돈을 벌고 싶다면 일상 속에서도 숫자를 끌어들여 생각하고 표현해 수치에 익숙해져야 한다. 꼭 장사나 비즈니스 상황에서만 숫자를 끌어들이지 말고 일상에서도 친숙하게 대해야 한다. 유대인은 반드시 가방 안에 계산기를 가지고 다닌다고 한다. 이것이 5천 년 유대인 상술의 한 가지 비결이다.

> **[질문하기]** "난 수치에 밝은가?"
>
> 오늘 증시, 국내외 금리, 환율, 세율, 금융 정책, 통화의 움직임, 경기 동향 등을 읽을 수 있어야 한다. 수치를 따져 자산을 매매하고, 한 푼이라도 유리한 쪽으로 옮길 수 있어야 한다. 난 수치에 밝은가?

대한민국은 명실상부한 세계 경제대국이다. 그러나 아직까지 금융경제 투자를 진지하게 논하고 실전 투자하는 일을 그리 달갑게 여기지 않는다. 특히 일찍부터 금융경제에 눈뜨거나 투자하는 것을 바른 경제관념으로 생각하지 않는다. 자본주의 국가는 돈을 중심으로 움직이는 사회이므로, 일찍 금융에 눈뜨면 그만큼 돈 벌 기회가 많은 데도 말이다.

투자의 귀재 워런 버핏에게 영향을 주었던 성장주 투자의 아버지 필립 피셔Philip Fisher, 1907~2004는 12살에 주식을 시작했다. 그는 기업의 질적 내재 가치를 중요하게 생각하였다. 여기서 '질적 내재 가치'란 경쟁 기업에 비해 모든 면에서 월등히 우위의 경쟁력을 갖춘 기업을 의미한다.

워런 버핏은 필립 피셔의 저서 〈위대한 기업에 투자하라〉는 책을 읽고 단숨에 피셔가 사는 집으로 찾아가 조언을 구했다. 필립 피셔는 워런 버핏에게 이렇게 말해주었다고 한다.

> "투자자가 믿고 의지해야 할 대상은 성장 의지가 강하고 실행력을 갖춘 경영자이다."

> "모르는 주식에 투자하기보다는 자신이 잘 아는 소수의 회사에 집중적으로 투자하는 것이 더 낫다."

이는 돈이 절로 달라붙는 비결이었다.

부자가 되기를 간절히 바라는 사람이 있었다.

그는 신에게 매일 기도 드렸다.

"신이시여! 제발 복권에 당첨되게 해주세요!"

기도한 지 100일이 지난 어느 날, 그의 앞에 신이 나타났다.

"신이시여! 기도를 매일 했으니, 제발 복권에 당첨되게 해주세요!"

신이 대답했다.

"얘야! 제발 복권을 사고서 기도 좀 해라!"

부를 기대하는가?

그렇다면 내일의 부를 상상하고 준비하는 자세도 중요하다. 그래야 비로소 그 꿈을 이루기 위해 행동하는 자세를 취할 수 있다. 어렵고 힘들게 꿈을 찾은들 행동 없이는 그 어떤 것도 구현되지 않는다.

미국의 저명한 저술가이자 교육자인 러셀 콘웰Russell Conwell, 1843~1925은 말했다.

"가난한 사람이 가난에서 벗어나지 못하는 이유는 그들이 모은 돈을 다 써 버려서가 아니라, 이 세상에 더는 돈 벌 기회가 없다고 포기했기 때문이다."

부의 지혜는 '나도 큰 부자가 될 수 있다'는 긍정적인 태도와 적극적인 행동에서 비롯된다.

세계적인 투자 귀재 워런 버핏은 어려서부터 신문 배달을 했다. 또, 유원

지와 경기장에서 음료수 장사를 하면서 시장경제 원리를 터득했다. 그의 나이 11세부터 직접 주식 투자에 나섰다.

세계 최고의 부자로 불리는 마이크로소프트 창업자 빌 게이츠의 아버지는 어릴 적부터 아들이 물건을 사면 용돈 기입장에 기록하게 했다. 또, 매일 독서 습관과 경험 중심의 토론을 벌이는 등 자녀 경제 교육에 많은 시간과 노력을 들였다.

이처럼 두 부자 기업가 워런 버핏과 빌 게이츠에게 특별히 돈이 달라붙었던 비결은 바로 부모가 선행적 경제 습관을 만들어 주었던 덕에 있었다.

- 미래를 보는 부의 지혜

세상 사람들 중에 돈을 싫어하는 사람은 없을 것이다. 그런데 가정과 학교에서는 금융경제 교육은 물론 실제 경험의 중요성을 깊게 가르치지 않는다. 자본주의 사회에서는 돈이 없으면 관계를 맺기도, 자기계발과 연구를 위한 공부를 하기도, 자격증 취득도 쉽지 않다. 돈 공부는 일찍 필수가 되어야 한다.

한국의 노인 자살률은 OECD 국가 중 1위다. 원인으로는 경제 문제가 가장 크다. 퇴직 후 경제적 자유를 누리려면 일찍 서둘러 경제, 투자, 건강, 일의 가치 등의 중요성을 인지하고 준비해야 한다. 실물경제와 시장의 변화에 반응하며 부의 시스템을 만들어 두어야 한다. 돈을 벌고 지혜롭게 소비하며 합리적으로 투자하는 실용적 금융경제 실천이 필요하다.

급격한 고령화 사회에서는 미리 경제적 자유를 준비하지 않으면 빈곤의 불행에 처할 수밖에 없다. 그래서 나 역시도 '금융경제_{은퇴 후 설계}'를 연구하고 있다.

흔히 부자가 되는 방법에는 두 가지가 있다고 한다. 부모가 부자거나 부자인 배우자를 만나는 방법이다. 안타깝게도 이 조건에 부합하기란 극히 어렵다. 그런데 평범한 사람이 부자가 되는 방법은 많다.

〈평범한 사람이 부자 되는 법〉

1) 먼저 자수성가한 부자들이 실천했던 부의 지혜를 배우자.

2) 적은 돈이라도 꾸준히 포트폴리오에 따라 저축하고 투자하자.

3) 금융경제 공부습관을 통해 부의 지략을 갖추자.

부자들의 치열한 꿈

팔팔 끓는 물에 개구리를 집어넣으면 개구리가 파닥거리며 뛰쳐나오지만, 상온과 똑같은 미지근한 온도의 물에 개구리를 집어넣고 서서히 온도를 높이면 개구리는 온도 변화를 실감하지 못하고 죽음을 맞는다.

경쟁에서 생존하려면 서서히 일어나는 변화라 할지라도 그동안 머물던 자리를 박차고 나와 새로운 변화를 꾀어내야 한다. 힘들어도 부정적으로 생각하며 꿈을 접어서는 안 된다. 어렵고 힘든 것을 빙자하여 포기하려는 분들에게 이렇게 말하고 싶다.

"역사 이래로 꿈 시장에 불경기란 없었다."

확고하게 준비해 버티면 꿈은 이루어진다. 힘들 때는 더 원대한 꿈을 붙잡고 잘될 것이라 우겨라. 조금만 더 우기다 보면 원하는 것을 이룰 것이다.

소프트뱅크 창업주이자 일본의 부자 기업가 손정의를 아는가?

그가 창업할 당시 직원은 고작 3명이었고, 창업식은 조그마한 창고에서 가졌다. 사과 상자 위에 올라간 손정의는 큰소리로 자신의 비전을 발표했다. 인생 50년 꿈의 계획을 선포했고, 결국 그가 세운 꿈들을 모두 이루었다.

손정의는 자신의 인생철학을 세우는 데 손무孫武가 쓴 고전 〈손자병법〉 독서가 큰 깨달음을 주었다고 말했다.

"목숨을 걸고 싸울 때 비로소 일을 이룰 수 있다."

자수성가한 세계적인 부자 중 처음부터 많은 돈을 갖고 일을 시작한 사람은 없다. 어쩌면 우리가 잘 아는 대부분의 부자들은 자수성가했을 것이다. 다만 '나도 부자가 될 수 있다'는 강한 마인드로 꿈을 품고, 계획을 짜고, 실천했을 것이다.

영국의 정치가 벤저민 디즈레일리Benjamin Disraeli, 1804~1881는 말했다.

"위대한 생각을 길러라. 우리는 어떤 일이 있어도 생각보다 높은 곳으로 오르지 못한다."

성공한 사람들의 공통점은 바로 생각이 남다르고 규모도 크다는 것이다. 좋은 생각과 실천적인 행동은 결코 나쁜 결과를 낳을 수 없다. 나 역시 창의성과 호기심이 왕성해 격동하는 금융경제를 연구하고 가르치고 있다. 20대에는 이미 게임기 제조업체도 차렸었다. 맨손으로 창업했는데, 당시 다른 사람은 하지 않던 새로운 시도였다.

이제는 무엇을 하든 목숨 걸고 질주해야 한다. 아무 노력 없이, 투자 없이, 부자 되는 법이란 세상에 존재하지 않는다. 단번에, 한 방에 부자가 되는 마법 열쇠도 있을 수 없다. 투철한 프로정신으로 앞으로 돌격해야 한다.

부의 시작은 다들 맨손으로, 그 맨손에 꿈을 품고 시작한다.

나의 성장 그래프 그리기

'티핑 포인트Tipping Point'는 시카고 대학의 모튼 그로진스Morton Grodzins 교수가 처음 사용한 용어다. 흔히 알 듯 어떠한 현상이 서서히 진행되다 작은 요인으로 한순간 폭발하는 것을 의미한다. 개인의 성장 또한 티핑 포인트 그래프를 그린다. 투자 이론에서도 똑같다. 이를테면 어느 날 갑자기 성장하는 것이 아니라, 오랜 시간 준비하고 다듬고 고치고 유지하다 보면 꾸준히 노력한 산물로 나타나는 것이 티핑 포인트다.

다음은 세계적인 부자 빌 게이츠의 재산 증가 그래프다.

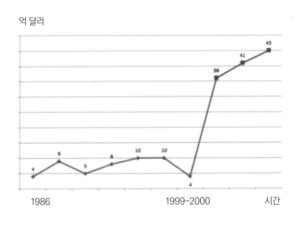

빌 게이츠의 재산 증가 그래프

빌 게이츠의 재산 증가 그래프를 보면 확실한 티핑 포인트를 확인할 수 있다. 1986년부터 2000년까지는 평행 상태였다. 그런데 어느 순간 갑자기 폭발적으로 성장해 버리는 티핑 포인트 시기를 맞는다. 큰 변화가 없다가 이후 한순간 탄력을 받아 매우 빠른 속도로 급성장했다.

이처럼 투자 성장도 평소 꾸준히 준비하고 집중 매집하는 시기를 거쳐 어느 순간 치솟는 성과를 낸다. 그 후 성장으로 가는 그래프를 그린다.

[실전 학습] 나의 티핑 포인트 그리기

누구든 시작점에서 성공으로 가는 그래프를 그리려면 먼저 확고한 꿈을 가져야 한다. 그리고 그 꿈을 이룰 계획들을 세우고 철저히 실천해야 한다. 현재 성장이 더디다고 좌절하거나 다른 길을 기웃거리지 않는다. 앞을 향해 한 걸음씩 나아가다 보면 어느 순간 급격히 성장할 것이기 때문이다. 성장을 위해서는 다음 4단계 과정이 필요하다.

※ 성장을 위한 4단계 과정

   1) 확고한 꿈 품기

   2) 구체적인 목표 수립

   3) 문제 극복을 위한 전략 수립

   4) 실천

※ 개인 성장 그래프 그리기

성과

예상 도착점
(성장 목표 지점)

현재 위치 (나)

시간

💰 "돈이 되는 금융경제 공부습관"

» 더 생각해 볼 주제

돈의 숫자 단위

일, 십, 백, 천, 만, 억, 조, 경, 해, 자, 양, 구, 간, 정, 재, 항아사, 아승기, 나유타, 불가사의, 무량대수無量大數

» 꼭 알아야 할 금융경제 용어

유동성

'유동성Liquidity'은 자산을 손실 없이 현금으로 전환할 수 있는 정도를 의미한다. 즉 개인이나 조직이 당면한 채무 상환을 위해 신속히 현금으로 전환 가능한 자산 정도이다. 예를 들어 토지, 부동산, 자동차와 같은 비유동적 자산은 현금화에 시간이 걸린다.

자산 분산

수입을 내는 동안 시장 균형을 맞추고 위험을 제거하는 등 자산을 안전히 관리하려면 경제 주기와 흐름을 파악해 자산을 폭넓게 분산시켜야 좋다.

미래의 부자가 되기 위해 자신의 태도 체크하기

□ 비전과 목표가 구체적인가?
□ 자신의 장점과 단점을 정확히 알고 있는가?
□ 돈을 버는 목적이 분명하고 협조를 구할 멘토가 있는가?
□ 자신의 분야에 전문성과 창의성을 가지고 있는가?
□ 일상의 언행일치(言行一致)적 생활을 실천하고 있는가?
□ 매일 정보, 독서, 배움 등 자기계발에 투자하고 있는가?
□ 사회적 인간관계를 잘 유지하고 있는가?

» **부(富)를 따르게 하는 10가지 태도들**

1) 긍정적 소통을 생활화한다.	6) 늘 감사하는 마음을 갖는다.
2) 매사에 밝고 호탕한 표정을 짓는다.	7) 혼자 생각하는 시간을 갖는다.
3) 사람들에게 칭찬을 잘한다.	8) 조금 손해 보는 듯한 관계를 맺는다.
4) 사회와 세상을 긍정적으로 본다.	9) 오늘이 마지막 날인 것처럼 최선을 다한다.
5) 화내지 않고 항상 침착하다.	10) 매일 건강관리를 한다.

자지 않는 돈을 둘러싼 돈의 심리학

"이것도 역시
사라져 버릴 것이다."

- 철학적 경구

결코 자지 않는 돈

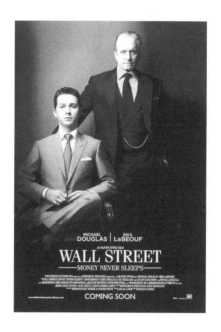

2010년 9월에 개봉된 올리버 스톤의 영화 〈월 스트리트Money Never Sleeps, 돈은 결코 자지 않는다〉는 2008년 일어난 세계 금융위기를 다룬다.

세계경제가 움직이는 월 스트리트에서 벌어지는 돈을 향한 탐욕과 배신, 복수, 인생의 성공을 이루려는 주인공들의 스릴러 영화이다. 영화 내용보다도 '돈은 결코 자지 않는다'라는 거창한 부제가 더 유명하였다.

전 세계 금융시장이 오픈되어 있고 투자 자금은 대상과 지역에 무관하게 기회를 향해 끊임없이 움직인다. 이를 '경제전쟁', '금융전쟁', '통화전쟁', '환율전쟁'이라고 부른다. 경제에서 가장 중요한 통화량money supply은 시중에서 돌고 있는 돈을 의미한다. 시중에 돈이 많은지 적은지를 읽는 것이다.

시중에 돈이 많으면 경기가 좋을 것이고, 적으면 나쁠 것이다. 즉, 경제시장이 계속 성장하려면 통화량이 증가해야 한다. 돈이 결코 자지 않아야 한다. 자지 못하도록 굴려야 한다.

오류와 불확실성에 투자하기

하이젠베르크

독일의 베르너 하이젠베르크Werner Heisenberg, 1901~1976는 물리학계에서 양자역학과 불확정성의 원리를 밝혀내 1932년에 노벨물리학상을 받은 세계적 석학이다. 하이젠베르크의 '불확정성 원리uncertainty principle'는 한마디로 오직 측정 가능한 것만 이론으로 삼는다는 실증주의 신념을 과감히 깨뜨린다. 즉, '정확하게 측정하는 것은 절대 불가능하다'는 것이 그의 핵심 주장이다.

이는 경제시장에서 공공연하게 통용되는 논리와 같다.

한편 미국의 펀드매니저이자 억만장자인 조지 소로스George Soros, 1930~ 역시 "균형이 깨질 때가 기회다. 오류와 불확실성에 투자하라. 돈을 벌고 싶으면 인간을 통찰하라"고 말했다. 소로스식의 사고 안에서는 불확실성의 시대를 꿰뚫어 보는 것이 곧 능력이다.

소로스는 헝가리계 미국인으로 철학을 전공했으며, 헤지펀드의 대가이자, 금융인, 한마디로 현명한 투자가이다. 그는 사람이 어떤 대상과 상황에 대한 이해와 지식을 쌓는 것을 '인지기능'이라고 말했다. 또, 자신의 생각대로 결정을 바꾸는 것을 '조작기능'이라 하였다. 이 두 가지가 상호작용하는 것을 '재귀성reflexivity'이라 정의했다.

조지 소로스

　종합하면 '재귀성'이란 "사람들의 믿음이나 편견, 오류에 따라 시장이 움직이다가 사람들이 편견이나 오류를 인식할 때 시장의 방향이 급격하게 변한다"는 것이다. 시장은 모든 정보를 정확하게 반영하지 않고 펀더멘털fundamental 기본적인, 주식이 얼마나 안정적인가을 왜곡한다.

　조지 소로스의 재귀성 이론reflexity theory은 '세상은 불완전하다'라는 전제에서 시작했다. 이를 반대로 이야기하면, 세상의 추세를 알고 이용하면 많은 돈을 벌 수 있다는 뜻이 된다.

　조지 소로스의 '투자행동 재귀성 이론'은 다음의 세 가지 특징으로 요약할 수 있다.

〈조지 소로스의 재귀성 이론 세 가지 특징〉

1) 경제 실체와 금융시장은 서로 영향을 주고받는다.

2) 시장에서 불균형이 생기면 그것은 시정되지 않고 날이 갈수록 확대되어 가는 경향이 있다.

3) 금융시장에 어떤 변화가 일어나면, 그 같은 움직임이 일단 하나의 경향으로 자리 잡게 된다.

금융경제 시장은 현실을 반영하는 데 소극적이다. 또 잘못된 가격 산정이 펀더멘털에 영향을 준다. 그러므로 스스로의 긍정적 자기강화 과정이 필요하다.

때로는 가격 왜곡이 '호황-불황'의 과정을 만들기도 한다. 유행하는 추세와 그 추세에 대한 착각이 자라나면 거품이 생긴다. 이 추세와 착각이 커지면 사람들은 시장 상황을 착각하고 혼란의 시간을 보낸다. 기대는 계속 높아지고 혼돈의 시간이 지나면, 주가 추세는 반전된다. 하락세가 가속된다. 거품의 붕괴는 가파르게 진행된다. 그러므로 거품이 너무 커질 징조가 보이면 과감히 팔고 나와야 한다. 내 개인적인 견해지만.

즉, 시장이든 사회든 사람이 개입되어 벌어지는 일을 정확하게 예측하기란 무의미할 터다. 그때그때의 상황에 맞게 충실하게 대응하는 수밖에 없다. 그전에 정부가 거품이 너무 커지지 않게 관리하고 규제해야 한다. 시장 상황에 따라 변동성이 증가해야 위험 노출을 줄일 수 있고, 불확실성이 줄어들면서 주식 시장은 반등한다.

단순, 간결, 명쾌하게 말하기

일찍이 나는 철학자 카를 포퍼Karl R. Popper, 1902~1994의 저서를 읽고는 경제를 보는 눈이 넓어졌다. 경제학 이론에서는 지식이 완전하다고 가정한다. 그러나 카를 포퍼는 '인간은 불완전한 존재이며 언제나 틀릴 수 있다'는 가정 위에서 성과를 낼 수 있다고 말했다. <u>그는 돈과 시장을 이기기 위해서는 인간사人間事를 넓게 이해해야 한다고 말했다.</u>

카를 포퍼

그는 저서 〈열린사회와 그 적들〉로 유명하며, 20세기 가장 위대한 사상가 중 한 사람으로 꼽힌다. 유대인으로 태어나 극단의 시대이자 폭력의 세기로 불리는 20세기를 온몸으로 체험했고, '인간은 실수를 통해서 진보한다'는 간단한 철학적 명제를 만들어 냈다.

카를 포퍼는 무지無知에 대해 이렇게 말했다.

"진정한 무지는 지식이 없는 것이 아니라 지식을 혐오하고 배우기를 거부하는 것이다."

또, 그는 지식인이라면 이해한 것을 단순, 간결, 명쾌하게 말할 수 있어야 한다고 했다.

"단순 명쾌하게 말할 수 없으면 아무 말도 하지 말고 그렇게 말할 수 있을 때까지 계속 공부해야 한다."

카를 포퍼가 말한 것처럼 현명한 투자가라면 명료한 미래 분석을 하며, 무언가를 아는 순간에도 미래에 대한 무한한 겸손을 보여야 한다. 아는 것을 단순 명쾌하게 말할 수 있어야 한다. 미래를 예측하는 일의 불확실성, 나약한 인간에 대한 사려를 결코 잊지 말아야 한다. 그것이 현명한 투자가의 모습이다.

돈을 불러 모으는 교양

돈의 세계가 언제나 아름다운 것은 아니다.
돈은 인간을 타락시킬 수도 있고,
또한 인간의 추한 성질들을 밝은 곳으로 끌어낼 수도 있다.

13세기에 세계를 호령한 몽골 제국 건국자 칭기즈칸Chingiz Khan, 1162~12
27은 자신이 글을 읽고 쓰고 배우지 못한 문맹文盲임을 가장 후회하였다.
그래서 적 중에서도 똑똑한 지성인과 기술자는 절대로 죽이지 않았다. 그
런데 앞으로 디지털 경제사회에서 문맹文盲은 그런대로 생활할 수 있어도,
금융경제 문맹文盲은 점점 살아남기가 어려울 듯하다. 이제 금융경제가 디
지털화되며 반응, 변화 속도가 빨라졌으므로 결과적으로 금융경제에 밝
아야 부의 미래를 읽고, 자산을 굴려 불릴 수 있다. 좋은 대학과 직장에 가
기 위해 쓰는 비용만큼, 금융경제 분야도 배우기 위해 노력해야 한다. 누
구든 일찍 금융경제를 알고 자산을 관리할 능력을 갖춘다면 부자가 될 기
회를 얻을 테다.

돈에는 눈이 있어 돈 역시 현명한 사람을 좋아한다. 다양한 분야에서 지
혜와 경험을 쌓으면 현명한 사람이 된다. 돈을 벌어 자산을 늘리기를 원한
다면 다양한 지식과 경험을 쌓는 일에 시간을 먼저 투자하자.
다음 두 질문을 읽고 공통 답이 떠오른다면 말해보자.

- 성공한 사람들의 침대 머리맡에는 반드시 '이것'이 있다. '이것'은 무엇일까?
- 부자가 사는 집에 들어가면 제일 먼저 눈에 들어오는 '이것'은 무엇일까?

계속 강조해 눈치챘겠지만 두 질문의 답은 바로 '서재(책)'이다. 작가 겸 자수성가한 부자 스티브 시볼드는 영업 컨설턴트, 강연 전문가로서 26년 간 최상급 부자들을 연구해 왔다. 그의 말처럼 인생의 성장을 기대한다면 인문학적 소양을 두루 갖춰야 한다. 실질적인 인격 수양, 무엇보다도 부정적인 태도를 다스리는 것을 가장 중요한 실천 수양 과제로 삼아야 한다.

[실전 학습] 부자답게 살아가기

이번에 주어지는 실천 과제는 〈부자다운 교양인으로 살아가기〉다. 부자가 되려면 먼저 '부자의 마인드'와 '부를 다루는 태도'가 필요하다. 자신의 머리나 몸에 밴 나쁜 습관들을 찾아내 바꿔주자. 말했듯 돈에도 눈이 있어 교양 있는 사람을 좋아한다. 하루하루 감사하는 마음을 갖고 매일 사람들을 배려와 사랑으로 품위 있게 대하자.

※ 찾아낸 나쁜 습관:

_____

_____

※ 실천한 좋은 습관:

_____

_____

눈을 가진 돈과 기대이론

내가 생각해 낸 말이지만 그럴듯하다. 돈에도 눈이 있다니!

그렇다면 돈은 언제 내 주변에서 멀어질까? 한마디로 품위 없이 불평하고 무지하며 저축하지 않을 때다. 돈도 감사하고 아끼고 주변과 나누고 저축하며 정성을 다해 바른 철학을 가지고 대할 때 잘 붙는다.

성공 철학자로 유명한 나폴레온 힐을 좋아해 그의 출간된 책을 거의 다 읽었는데, 〈행동하라! 부자가 되리라〉에는 이런 말이 있다.

> "돈에 감사하며 좋은 일에 쓰려고 하는 사람들은 하루하루를 감사하다가 부의 기적을 얻었다."

여기에서 '돈에도 눈이 있어 따를 만한 사람에게 잘 붙는다'라는 원리를 찾아낸 나는, 지난 졸저 〈감사하다가 성공해 버렸다한림북스〉라는 책을 쓰는 동기를 얻기도 했다. 돈에도 눈이 있어 한 푼의 돈일지라도 귀하게 여기며 주어진 돈에 감사하는 사람에게 잘 붙어 부의 기회를 만들어 준다는 뜻이다. 누구나 가진 것에 감사하고 나누기를 즐긴다면 곧 만사형통하게 될 것이다.

경영학에서는 이러한 경영이론을 '기대이론expectancy theory'이라고 부른다. 이는 조직에 속한 각 개인의 동기부여와 노력, 보상 간의 관계를 연구한 이론인데, 기대한 것을 곧 얻게 된다는 의미다. 개인에게 일정한 행동을 유발하려 할 때, 어떤 심리적 과정을 통하여 그 행동이 나타나게 되는가를 설명하려는 이론이다.

나는 오랜 시간 성공론을 연구해 왔다. 성공한 사람들의 특징 중 하나가 훌륭한 인성이다. 믿기지 않겠지만, 부는 도덕성 및 신뢰와 관련이 깊다. 생각이 바르고 도덕성이 높은 사람에게 돈이 잘 붙고, 자연히 부가 확장될 기회도 더 많아진다.

돈에도 눈이 있어 신뢰하고 교양 있는 사람을 선호하듯, 사람 역시 바른 인성으로 모범이 되는 기업이나 기업가에게 투자하기를 선호한다.

〈돈이 잘 붙는 사람의 5가지 특징〉

1) 바른 도덕성을 지녀 신뢰도가 높다.

2) 인맥이 넓고, 주변과 좋은 인간관계를 맺고 있다.

3) 관찰과 관심, 호기심이 많다.

4) 독서와 배움을 즐긴다.

5) 절대긍정의 생각을 갖고 있다.

돈의 심리학

나는 툭하면 감정에 지배당하기 일쑤였다. 규칙을 만들었지만 하루에도 몇 번이나 기분에 크게 영향을 받았다. 그런데 많은 부를 얻은 사람들은 심리를 조절하는 법을 통해 돈을 다스렸다. 즉, 그들은 일찍부터 '돈의 심리학'을 터득했다.

돈과 감정은 아주 밀접한 관계를 맺고 있어 절대 떼어낼 수 없다. 흔히 사람들이 기분이 우울하거나 아주 좋을 때, 나쁘거나 흥분했을 때, 그 감정이 결정에 그대로 영향을 주는 일이 많다. 만약 집착증과 강박장애, 두려움이 있을 때는 더한 감정의 영향을 받을 것이다. 그래서 시간이 지난 뒤 결정을 후회하는 경우가 많다.

반면 돈에 관해 현명한 사람들은 감정을 잘 조절하고 자신을 통제할 규칙과 전략을 세워 결정한다. 예를 들어 아이쇼핑을 계획하고 갔다 많은 구매를 했다면 이는 사전에 돈을 어떻게 쓰겠다는 확고한 규칙이 없었다는 뜻이다. 즉, 돈과 관련해서는 흔들리는 감정에 따라 결정하면 전체적인 계획을 망치는 원인이 된다.

투자 시장에서 감정적 결정은 더 큰 손실을 일으킨다. 그래서 현명한 투자가들은 감정적으로 일을 처리하거나 결정하지 않는다. 사전에 감정이 개입되지 못하도록 아예 길목을 차단한다. 중요한 투자 시에 감정이 개입되면 큰 손실을 가져온다는 사실을 잘 알아서다. 얼핏 들으면 누구나 다 아는 상식 같지만 평소 연습이 되어 있지 않다면 실전에서 다스리기 그리 쉽지 않다.

그러므로 감정을 잘 다스리는 능력도 부를 확장하는 데 중요한 역량이다. 이는 타고나지 않아도 얼마든지 훈련으로 기를 수 있다. 돈의 저변에 깔린 이러한 심리학을 이해하고 익히면 평정심을 유지하며 감정을 컨트롤할 수 있다. 심리학은 증권시장의 거의 모든 것을 결정할 만큼 강력하다.

증권 심리학의 대가 앙드레 코스톨라니는 이렇게 말했다.

"증권시장에서 심리학의 역할은 아무리 강조해도 지나침이 없다."
"이는 매우 섬세한 손가락 끝 감각으로 운영되어야만 하는 하나의 학문이다."

강력한 중독 감정

앞서 심리용어 '손실 회피'를 살펴봤었다. 이는 이익과 손실 확률을 합리적으로 평가하지 못하는 심리에서 기인한다. 천만 원을 벌 때 느끼는 행복의 크기보다 천만 원을 잃었을 때 느끼는 고통의 크기가 두 배 이상이기에 손실이라 생각되면 무조건 피하는 선택을 하는 것이다.

'손실 회피'는 잘못된 경제생활이나 실수로 얼마든지 결정할 수 있는 중독성 강한 감정이다. 이와 관련해 행동 경제학자 아모스 트버스키Amos Tversky, 1937~1996와 대니얼 카너먼Daniel Kahneman, 1934~은 "손실이 이득의 두 배만큼 강력한 심리적 영향을 미친다"라고 주장했다. 이를 확인할 수 있는 가장 대표적인 실험이 머그잔 실험이다.

> "사람들에게 머그잔을 보여주면서 만약에 이 머그잔을 산다면 얼마에 살 것인지 가격을 매겨보라고 하였다. 그 후 머그잔을 공짜로 나눠주고, 시간이 지나 다시 물었다. 만약 그 머그잔을 판다면 얼마에 팔 의향이 있는지를."

재미있는 것은 사람들이 그 머그잔을 가지고 있지 않을 때보다 소유하고 있을 때 가격을 더 높게 평가했다는 것이다. 머그잔을 판다는 것이 곧 '없어진다, 손실을 본다'를 의미하기 때문에, 머그잔 상실에 대한 심리 가치를 더 높이 평가했다. 언뜻 합리적인 듯 보이는 선택 뒤에는 사람의 감정이 숨어 있다. 재미있는 돈의 심리학이다.

"돈이 되는 금융경제 공부습관"

» 꼭 알아야 할 금융경제 학습

기대이론

기대이론Expectancy Theory은 빅터 브룸Victor Vroom이 제안했으며 라이먼 포터Lyman W. Porter와 에드워드 로울러Edward E. Lawler 등에 의해 발전되었다. 이는 개인이 어떠한 행동을 함으로써 정해진 결과가 얻어질 것이라는 기대와 그러한 결과가 개인에게 어떤 가치가 있는 것인가를 보여주는 요인 정도에 따라 행동한다는 동기부여 이론이다.

기대이론은 다음의 세 가지 요소로 구성된다.

◆ 동기부여(Motivational Force) = 기대감 × 수단성 × 유의성

- **기대감**Expectancy: 열심히 일하면 높은 성과를 올릴 것이라고 생각하는 정도
- **수단성**Instrumentality: 직무 수행의 결과로써 보상이 주어질 것이라고 믿는 정도
- **유의성**Valence: 직무 결과에 대해 개인이 느끼는 가치

매일매일 화, 분노, 핑계, 무지, 게으름에서 벗어나기

주	1주	2주	3주	4주	5주	6주	7주
월요일							
화요일							
수요일							
목요일							
금요일							
토요일							
일요일							

* 위 양식을 사용하여 체크한다.

돈 심리학 규칙 세우기

- 흥분, 두려움, 기분에 의해 투자나 소비를 결정하지 않겠다.

- 중요한 결정에 앞서 메모해 놓고 두세 곳을 비교하겠다.

- 감정이 아닌 사실에 의해 결정하겠다.

- 결정을 내리기 전 관망한 후 결정하겠다.

_____

_____

_____

_____

» 좋은 태도를 만드는 10가지 방법

말만 많고 행동이 가벼워 보이면 태도에 깊이가 없어 보인다. 이는 사고의 폭이 좁고 원숙하지 못하다는 의미로 읽힌다. 다음의 좋은 태도들을 갖춰서 더 좋은 기회가 찾아오게 하자.

1) 긍정적인 사고를 갖는다.	6) 타인의 성공을 통해 배운다.
2) 첫인상을 좋게 한다.	7) 실패한 원인을 찾는다.
3) 밝은 인상을 취한다.	8) 결단력을 기른다.
4) 대화의 지혜를 갖는다.	9) 고객을 확보한다.
5) 자기계발에 힘쓴다.	10) 일에 대한 정보를 수집한다.

부의 확장을 위한 실전 지침서

"시도하라, 시도하라,
그리고 다시 시도하라!"

- 격언

부를 만드는 행동경제학

부의 확장은 레고 블록과 같아서 블록 한 피스 한 피스가 연결되어 원하는 것을 만들고 탄생시킨다. 그러려면 돈에 대한 기초가 튼튼해야 한다. 부의 확장을 이룬 사람들은 혼자서 무얼 하려 애쓰기보다 주위에 있는 자원들을 분별하여 원하는 곳에 배치하고 바깥으로 확장하려 노력했다.

애플 창업자 스티브 잡스는 한 연설에서 "삶에서 얻었던 경험이나 지식들이 미래의 결정적인 아이디어로 연결되었다"라고 말했다. 현재의 점들을 연결하기 위한 의식적인 노력이 복잡하게 연결되어 확대되고 증폭됨으로써 연결에 대한 보상이 따랐다.

아마 긴 경기 불황 속에서 심리적인 흔들림 때문에 하루에도 큰돈을 날리는 사람들이 적지 않을 것이다. 아마 행동경제학behavioral economics을 배우지 않은 것도 그 원인 중 하나일 수 있다.

경제학자 리처드 탈러Richard Thaler, 1945~ 교수는 2017년 행동경제학으로 노벨경제학상을 수상하였다. '행동경제학'이란 경제적 의사결정에서 심리·사회·인지·감성적 요인의 영향으로 인한 시장가격 자원배분 결과의 변화 여부를 탐구하는 학문이다. 투자자의 성격, 기질, 행동이 투자 성과와 어떤 인과 관계가 있는지도 연구한다.

주변에서 크게 돈을 잃은 투자자들을 보면 합리적이고 이성적인 투자보다는 남의 생각이나 치우쳐진 정보, 경제 지표가 아닌 다른 투자 지표를 기준으로 투자하는 경우가 많다. 그들은 한번 형성된 자기 생각을 쉽게 바꾸지 않고, 새로운 흐름이나 트렌드에 빠르게 대응하지도 않는다. 이를 행동경제학에서는 '보수주의 편의conservative bias'라고 말한다. 예컨대 보수주의 편의인 사람들은 최근에 밝혀진 새로운 증거들로 자신의 신념을 새롭게 바꾸는 데 상당한 시간을 필요로 한다. 다시 말해 행동경제학에서 처음 기준점을 설정할 때 가진 생각, 고정관념에 사로잡혀 정보를 왜곡해서 수용한다.

예를 들어보겠다.

어떤 기업의 주가가 오래도록 1만 원이었다고 가정한다면, 처음 매수 시 가격이 기준이 되어 그 가격보다 더 비싸면 추가 매수를 망설인다. 반면 가격이 떨어지면 속히 매도할 성향을 가진다. 이는 기업에 대한 가치 투자와 객관적인 시장 정보를 바탕으로 한 투자가 아닌 자신의 투자 편향을 믿고 내린 결정이다. 이를 행동경제학에서는 '예측 오류'라고 부른다.

이처럼 투자는 행동경제학과 밀접한 관련이 있다.

이제 앞으로의 투자는 과거의 습관이나 편향, 틀에 박힌 고정관념에서 벗어나 급변하는 시장 경제의 변화를 찾아 읽고 분석하는 방향으로 바뀌어야 한다. 일체의 준비나 분석도 없이 한 방을 노리는 투자는 절대 삼가야 한다. 이때, 행동경제학을 이해한 투자자는 분명 손실을 줄일 수 있다.

부를 확장하는 법

큰 부자들 대부분이 처음부터 큰돈을 갖고 출발하지 않았다. 대신 '할 수 있다'는 긍정의 믿음을 갖고 계획을 꼼꼼히 세워 실행에 옮겼다. 나의 사명은, 이러한 정보들을 종합해 여러분이 부자가 되는 데 필요한 자질들을 갖추게 하고, 부의 확장을 돕는 것이다.

큰 부자들의 지출 1순위는 재무계획에 따른 투자금으로, 목표는 이 현금을 모으는 것이다. 투자를 하면 돈을 벌 때도 있고 잃을 때도 있다. 벌 때는 자신이 가장 잘할 수 있는 가치 투자에 일부 안전자산을 옮겨놓고, 또 여러 곳으로 분산해 놓아야 한다.

한번은 내 금융경제 수업 모임에 참석한 학우가 기대했던 투자 종목이 아닌 경제경영을 왜 공부해야 하는지 의문을 가진 적이 있다. 이를테면 로렌스 피터가 발표한 경영이론 '피터의 원리'와 금융리더 골드만삭스 기업을 소개하는 시간을 가졌다고 투덜거렸다. 그런데 배운 인문학 원리를 실천해 보고는, 투자와 관련된 인문학 수업에 더 끌리게 되었다고 말했다.

여러 번 말했지만 투자가들의 사고방식은 평범한 사람과는 많이 달라야 한다. 그게 성공의 키포인트다. 투자로 돈을 벌려면 똑똑한 전략을 세워 정확한 타이밍을 잡는 등 실전을 익히는 것이 중요하다. 경제경영과 관련한 다량의 정보를 습득해 실력을 갖춘 학우 중, 천만 원을 가지고 돈과 즐겁게 놀았을 뿐인데 자산을 크게 늘린 경우도 있었다. 이처럼 누구든 돈과 잘 놀다 보면 자산이 불어나는 것을 경험할 수 있다.

부의 확장을 위한 마인드셋

"아직도 부자가 될 수 있다고 믿는가?"

"그렇다, 성장과 부의 확장이 가능하다고 믿는다."

그렇다면 분야 최고가 되겠다는 기업가정신을 갖추고 확고한 마인드셋 mindset을 세워 행동해야 한다. 물론 처음에는 어렵고 힘들다. 하지만 온 마음을 다해 모든 노력을 쏟으면 된다. 실수나 실패에서 배우며 계속하여 전진한다. 이는 자산을 늘리기 위해 필요한 첫걸음이다.

마인드셋은 자신의 재능과 능력이 크게 발전할 수 있다고 믿는 마음이다. 부단한 노력, 훌륭한 전략, 다른 사람들의 지원과 도움을 통해 현재의 능력을 높일 수 있다는 신념이다. 실패의 두려움보다는 미래의 도전을 택한다. 이는 부의 확장으로 이어진다.

현대사회에서 투자를 통해 부를 확장시키는 방법에는 여러 가지가 있다. 그 중 가장 일반적인 것은 소속된 조직에서 가치를 인정받아 높은 자리까지 올라가는 것이다. 또 하나는 새로운 기술과 참신한 아이디어로 일을 확대시켜 나아가는 것이다.

물론 여러 어려움에 부딪힐 수 있고 성과 없이 실패할 수도 있다. 하지만 실패 요인과 문제를 파악하고 원인을 겸허히 받아들이는 것도 미래를 위한 투자다. 다시 배우고 전략을 세워 보완한다. 어떻게 성과를 낼지 단호한 포트폴리오를 짠다. 장기적으로 과거보다 훨씬 좋은 성과를 낼 것이다.

종종 들어오는 스팸문자를 보면 실패 없이 수익이 나는 종목만 알려준다며, 마치 자신이 투자의 신인 듯 홍보한다. 그 권유를 믿고 투자한 사람들은 여전히 제자리에 머물거나 큰 손실을 본다. 반면 투자에 성공한 사람들은 자신이 신이 아니라고 생각했기 때문에 실패를 교훈 삼아 꾸준히 금융경제 공부습관을 다지며 하루하루 경제기사를 읽고 주가 흐름을 살폈다. 그들은 적지만 수익을 내며 부의 계단에 한 걸음씩 더 올랐다.

위대한 발명가 토마스 에디슨이 남긴 다음의 명언을 참고하자.

> "나는 실험에 실패할 때마다 성공에 한 발씩 다가가고 있다고 생각했다. 실패
> 없는 성공이란 없다."

자산을 늘리기 위해서는 평상시 국내외 시장 경기와 금융경제 상황이 어떻게 돌아가는지 파악하는 것은 기본이다. 기본적인 금융경제 소양을 갖춘 마인드셋으로 거시적으로 부의 미래를 향한 투자를 꾸준히 유지한다. 작은 투자라도 리스크 없는 것은 없다. 어떤 투자에도 판단력과 관찰, 조사 등 전략이 필요하다. 투자 활동과 배움에 일정한 시간을 할애하자. 부의 열정을 발판 삼아 세심한 투자 전략을 수립하되, 처음부터 빚을 내어 투자해서는 안 된다. 금융경제에 관한 지식이 어느 정도 수준에 이르면 통찰력이 생겨 선택의 폭도 넓어진다. 그때부터 안전하게 이익을 내는 시기가 온다.

가치 투자의 정석

우리가 계속하여 금융경제 공부를 하는 이유는 예측할 수 없는 위험성을 줄이고 적은 비용을 들여 안정적이고 적절한 수익을 내고자 함이다.

유대인 속담에는 "호주머니에 돈이 있는 한, 당신은 현명하고 잘 선택하고 노래도 잘 부르는 사람이다"라는 말이 있다. 그래서 대다수의 부자들은 저축과 투자에 열성적이다.

워런 버핏이 "투자란 간단한 일이지만 결코 쉽지는 않다"고 말했듯, 투자를 하면 벌기도 하고 잃기도 한다. 하지만, 성장 가치에 투자한 사람들은 결과적으로 수익을 낸다. 많은 사람이 이 원리를 돈을 잃고서야 깨닫는다. 배움을 발판 삼아 지혜를 쌓다 보면 성과가 나는 것이 투자의 정석이다. 이 방법을 따르는 사람들은 포트폴리오 전략을 세워 한 방 투자가 아닌 자신만의 이기는 투자법을 찾아낸다.

개인 투자자가 적은 자본으로 투자 시장에서 단기간에 큰돈을 벌기란 힘들다. 오늘 투자해서 당장 내일 수익을 기대해서는 안 된다. 단기 매매자_{트레이더}는 장기 전략을 무시하는 바람에 투자금액을 회수할 필요가 생겨 원하는 금액보다 훨씬 낮은 가격에 주식을 되판다. 그러므로 투자 목적이 무엇인지 확실히 해두자. 내 지인은 주식을 아침 9시에 매수해 9시 20분에 다 파는데, 아직까지 크게 수익을 냈다는 얘기를 듣지 못했다. 손실을 봤다는 말을 더 많이 들었다.

가치 투자의 정석을 따르는 매매자는 포트폴리오에 따른 장기 전략으로 투자에 임한다. 적당한 만족에서 과감히 매매해 이익을 낸다. 투자 종목을 선정할 때는 계란을 한 바구니에 담는 일은 피하는 것이 좋다. 한곳에 집중해 이익을 보장받는 방법은 위험하다.

투자의 정석은 본능이 아닌 포트폴리오 투자 전략을 세워 여러 곳으로 분산 투자를 하는 것이고, 이때 단기매매와 장기투자를 적절히 병행한다.

정석 투자로 큰돈을 번 투자가들은 절대 애널리스트에게 투자를 전적으로 일임하지 않는다. 어찌 됐든 자신의 돈이기 때문이다. 다만 시장의 흐름과 종목 상황에 대한 조언은 듣는다. 언제든 투자 시 애널리스트의 말에 대해 별도로 조사해 보고, 그들이 추천한 주식이나 채권, ETF가 나에게 과연 맞는 정보인지 확인해야 한다.

투자 기업의 정보수익, 정책, 경영진 등와 시장 흐름을 모른 채 투자하는 것은 번지점프 줄을 매달지 않고 다리 위에서 뛰어내리는 것과 같다. 손실을 줄이고 이익을 내는 게 목표라면, 평상시 자신이 투자하는 기업과 시장에 관해 철저히 분석하고 살펴야 한다. 또한 그 종목의 속성을 충분히 파악한 후에 투자를 결정해야 한다. 이것이 투자의 정석이다.

그럼 큰돈을 번 부자들과 개인 투자자들의 차이는 무엇일까?

놀랍게도 큰 부자들은 개인 투자자들보다 더 열심히 배우고 전략을 갖고 투자했다. 또, 그러한 투자로 자금의 여유가 생겨 오히려 '인내'라는 공통적인 요소를 갖고 있다. 이들은 시장 영향에 흔들리지 않고 계속 자신만의 방식으로 매매를 관리한다.

흥미롭게도 현명한 투자가들은 뛰어난 머리, 행운에 우선순위를 낮게 두되, 최고 전문가를 만나거나 뛰어난 인재를 채용하는 일을 자신의 개인적인 능력보다 더 높게 둔다. 그들은 계획을 철저히 세우고 우선순위를 정하는 데 능숙하다. 무엇보다도 세운 계획들을 실천한다.

- 세상의 부를 연결하는 비결

· 정직(도덕성)	· 일을 즐기는 태도
· 노력(신뢰)	· 다른 사람과 잘 어울리는 성격
· 소통(설득)	· 넓은 인간관계
· 시간 관리	· 미래 지향적 사고방식
· 건강	· 기회 포착
· 공감 능력	· 꾸준한 금융경제 공부

강렬하고 뜨거운 부의 열망

독일의 작가, 철학자, 과학자인 요한 볼프강 폰 괴테Johann Wolfgang von Goethe, 1749~1832가 남긴 말 속에는 부의 법칙이 정확히 담겨 있다.

> "당신이 할 수 있는 것과 할 수 있다고 꿈꾸는 것은 무엇인가?
> 바로 그것을 시작하라. 용기 속에 천재성과 힘 그리고 마법이 들어 있다."

투자 시 자신의 가장 열렬한 목표가 무엇인지부터 물어보자.
다음의 물음에 시원스럽게 답할 수 있어야 한다.

- 꿈을 구체화하려면 어떻게 해야 할까?
- 세운 목표를 달성하기 위해 희생할 준비가 되어 있는가?
- 그 목표를 이루기 위해 좋은 멘토가 있는가?

부를 이룬 사람들은 자신이 가장 잘할 수 있는 일에 강렬하게 집중한다. 세운 목표를 향해 뜨거운 열망으로 철저히 임한다. 강한 추진력으로 부의 기회를 만들어 낸다.

부자가 되고 싶다면 돈을 벌려는 목적이 명확해야 한다. 방향에 대한 준비도 없이, 굳은 결심도 없이는 부자가 될 수 없다. 성실한 자세는 그다음이다. 많은 사람이 성공을 원하지만, 진짜 현실에서 강렬하고도 간절한 부의 열망을 가진 사람은 소수에 불과하다. 강렬한 부의 열망은 자연히 부의 계단으로 오를 기회와 방법을 만들어 낸다.

손자孫武는 중국 춘추시대의 전략가로 고대 중국의 병법서 〈손자병법〉의 저자다. 그는 이기는 전략을 이렇게 말했다.

> "전쟁에서 싸움을 즐기기 위해서라면 직접적인 방법을 써야 하지만, 승리를 확보하기 위해서라면 간접적인 방법이 필요하다."

이기는 부富는 소란을 피우지 않고 조용하면서도 끈질기게 부를 계획한다. 이길 수 있는 전략을 추구한다.

무의식의 힘을 활용하여 의식을 변화시키고 병을 치료하는데 최초로 활용한 프랑스 약사 에밀 쿠에Emile Coue, 1857~1926는 말했다.

> "상상력이 의지보다 훨씬 강력하며, 상상력과 의지가 충돌할 때 늘 상상력이 승리를 거둔다."

열렬한 상상력, 다가올 부의 미래에 대한 생각이 가동됨으로써 실제 행동이 불러일으켜진다. 이제 열렬한 목표를 마음에 새겨 어떤 환경에도 굴하지 않고 모험적 상상력을 지속시켜 나가면 분명히 좋은 성과를 기대할 수 있다.

그러기 위해 머릿속에 떠오르는 열렬한 부에 대한 기대를 마구마구 적자. '적는 대로 이루어진다'라는 말도 있지 않은가.

이루고자 하는 계획들을 최대한 구체적으로 적는다. 글로 옮겼다고 끝이 아니다. 언제든 계획을 수정하고 첨삭하는 과정을 거쳐야 한다. 그래야 실용적인 효력을 발휘한다.

적는 습관이 생기면 정말 쓰는 대로 이루어진다. 글로 표현하는 과정이 가장 쉽게 성공에 이르는 비결이 될 수도 있다. 꾸준하게 일상의 계획들을 글로 적자. 이를테면,

- 자신의 미래의 삶을 어떻게 준비하고 있는지.

- 지금 처한 문제가 있는지, 그 문제의 해결 방안은 무엇인지.

- 앞으로 3년, 5년, 10년간 계획은 무엇인지.

- 어려움과 실패 속에서도 성공을 향해 실천한 사항은 무엇인지.

- 매일 인생 일기를 쓰고 있는지.

- 하루하루 일의 우선순위를 갖고 일하는지.

부를 위한 실천 선언문

부를 이루겠다고 긍정적으로 다짐하고 선언하자.

매일 의도적으로 부와 성공을 향한 마음을 열망하고 아래 '다짐하는 선언문'을 강렬하게 소리 내어 읽자.

〈다짐하는 선언문〉

"나는 세상에서 가장 영향력 있고 훌륭한 사람을 만나고 싶다.
그런 사람을 이번 주에 만나게 될 것이다."

"세상의 모든 사람과 환경이 나를 부로 이끌고 있다."

"나를 탁월한 지혜를 가진 사람으로 이끌어 주심에 감사드립니다."

"지금 나에겐 강한 용기와 능력, 건강이 있다."

"지난번 실패로 나는 결코 낙심하지 않는다. 반드시 이겨낼 것이다."

"오늘 면접시험에서 최고로 좋은 결과를 얻게 될 것이다."

"내가 하는 일마다 잘될 것이다."

"돈이 되는 금융경제 공부습관"

» 꼭 알아야 할 금융경제 용어

승수효과

'승수효과Fiscal Multiplier'란 거시경제학자 케인스가 최초로 주장한 논리다. 소비심리 악화로 인한 경기침체 시, 정부가 지출을 늘려 경기를 정상화할 수 있다는 관찰에 기반한다. 이를테면 정부나 기업이 새로 투자를 하면 그 일부는 임금으로 지불되고, 나머지는 생산재의 구입에 충당되어 관계자의 소득을 증가시킨다. 다시 말해, 금융시장에 대해 실제보다 좋게 말하면 자신감이 생성되며 나중에 더 큰 자신감을 얻는다는 이론이다. 그러나 현실이 기대에 미치지 못하면 신뢰는 실망으로 바뀌고, 호황은 불황으로 돌변한다. 결국 사람들의 생각이 하나의 명제로 표현될 때 다양한 행동으로 나타남을 말한다.

스태그플레이션

경기침체가 지속됨에도 불구하고 물가가 뛰는 현상을 '스태그플레이션Stagflation'이라 부른다. 이는 '경기침체'라는 뜻의 스태그네이션Stagnation과 '물가 상승'이라는 뜻의 인플레이션Inflation을 합성한 말이다. 경제활동이 침체되고 있음에도 물가 상승이 계속되는 '저성장 고물가' 상태이다.

» 꼭 실천해야 할 지침

. . . .

매일 해야 할 금융경제 공부 습관화

매일 경제 공부습관을 만들면 부의 확장을 꾀할 수 있다. 매일 30분씩이라도 경제 도서, 기사를 읽는다. 매일 경제정책과 정보를 요약 정리하여 적는다.

- 국내 거시경제 - 국외 미시 경제 - 국제 뉴스

- 주식과 금융 - 코인과 부동산

_____

_____

_____

_____

_____

_____

_____

_____

_____

_____

_____

_____

오랫동안 습관화해 온 낡은 패턴 포기하기

- 당신은 부자의 꿈을 이루기 위해 TV 시청, 게임, 여가활동 등 불필요한 시간 낭비를 포기할 준비가 되어 있는가?
- 때로는 휴가나 여행, 친구들과의 술자리, 각종 모임 참석 등을 포기할 준비가 되어 있는가?
- 매일 독서와 글쓰기를 하고, 필요 분야를 연구하며 다양한 전문가와 만남을 갖고자 노력하겠는가?
- 기존 수입으로부터 절약과 투자를 늘리는 방법을 찾아내기 위해 끊임없이 노력할 것인가?

결단! 앞으로 포기할 낡은 패턴들에 대해 적어보자.

_____

_____

_____

_____

_____

_____

_____

_____

Part 4

따라만 해도
돈이 쌓이는
황금법칙

부와의 황금관계 만들기

"실제로는 부(富)가 사람들을 덮친 것임에도
그들은 부를 가졌다고 한다."

- 고대 로마제국 정치가, 세네카

부의 물질을 만든 연금술

고대에 인간이 불멸의 존재를 인식했던 것은 호기심과 상상력 때문이었다. 그 거대한 상상력을 고대 동양은 연단술煉丹術로, 서양은 연금술로 표현했다. 연단술은 단학丹學이라고도 부르는데, 단학을 주장한 도사들은 사람이 금단을 복용하면 피의 성질이 변해 몸이 쇠하지 않는다고 주장했다. 연단술 혹은 연금술은 실험실에서의 화학 실험적인 작업이며 정신, 심리적인 과정이었다. 이는 동양에서는 한의학이, 서양에서는 화학이 탄생하는 계기가 되었다. 즉, 변화를 통해 금 물질을 만들었다.

그리스 철학자 아리스토텔레스Aristotle, B.C. 384~322는 연금술 이론과 실험에 놀라운 기초를 제공했다. 그는 세상의 모든 물질이 네 가지 원소물, 불, 흙, 공기로 이루어져 있고, 그 물질은 항상 변화한다고 믿었다. 연금술은 이 네 가지 물질 원소의 비율을 바꿈으로써 한 물질을 다른 물질로 바꿀 수 있다고 보는 것이었다. 여기서 연금술 관련 최초의 직업이 탄생한다.

연금술사들은 쓸모없어 보이거나 비천한 물질을 변화시켜 새로운 작업이 가능하게 했다. 이는 불순물질을 정화해 금으로 변화시키는 과정에 이르렀다. 은, 구리, 수은, 주석, 철, 납, 금의 일곱 가지 금속이 가장 완벽한 금속이었다. 이것들이 각각 다른 비율과 순도로 섞이면서 다양한 금속이 만들어졌다.

최고의 연금술사이며 의사인 필리푸스 파라켈수스(Philippus Paracelsus, 1493~1541)는 금속의 물질에 소금을 첨가함으로써 유황, 수은 이론을 만든다.

그리스 신들의 사자인 헤르메스(Hermes)는 서양 연금술의 아버지로 불린다. 그리스어 '헤르메스'는 '학문의 능력'을 뜻한다.
우주 전체의 지혜의 세 부문을 상징하는 태양, 달, 별(천구)이 그림에 들어 있다.

연금술에서 가장 중요한 핵심은 모든 물질은 끊임없이 변화한다는 것이다. 그리스 철학자 헤라클레이토스Herakleitos도 자신의 유일한 저작인 〈자연론〉이라는 책에서 '만물은 끝없이 변화한다'는 철학을 표현하였다. 또한 서양은 14~16세기 르네상스 시대 동안 연금술을 아주 중요시했다. 연금술에 내재된 기술들은 깊은 지식을 필요로 하기에, 이후 과학 혁명으로 발전하는데 크게 기여하게 된다.

돈이 전부인 세상

영국 예술가 윌리엄 호가스William Hogarth, 1697~1764가 창작한 훌륭하고 독창적인 풍자 예술 〈진골목Gin Lane〉은 빈민가를 그리고 있다. 한 엄마는 계단에 앉아 만취한 탓에 아기가 난간에서 떨어지려고 한다. 바로 그 앞의 남자는 배고픔으로 빈사 상태다. 건물은 허물어진 채 방치되어 있고, 사람들은 술에 취해 흥청망청 대며 소란을 일으키고 죽어가는 모습이다.

행복하고 열심히 일해야 할 때 시민들은 거리에서 술을 마시며 게으름을 피운다. 이 인쇄물은 과도해진 음주로 발생하는 사회 및 건강 문제를 해결하는 등 정부의 무능함에 대응했던 판화다.

윌리엄 호가스, 〈진골목(1751)〉, 동판화,
뉴욕 메트로폴리탄 미술관

애덤 스미스와 동시대를 살았던 영국 화가
호가스의 그림으로, 당시의 빈부격차 문제
가 얼마나 심각했는지 보여주는 그림이다.

세계 1위 부자로 만든 힘

마크 저커버그가 창업한 메타 플랫폼스페이스북의 사내 모토는 "빨리 움직여라, 무언가 깨뜨릴 정도로"라고 한다. 앞으로의 투자도 대부분 이러한 속도전의 본질을 이해하는 데서 시작될 것이다.

제프리 프레스턴 베조스[1]

여느 리서치 결과를 보니, 여성이 선호하는 결혼 조건 1위가 돈 많은 남성이라고 한다. 포브스는 세계에서 가장 돈이 많은 사람이 아마존을 창업한 제프리 베조스Jeffrey Bezos라고 발표했다. 2021년 7월 기준, 그의 자산 가치는 약 239조 원이다.

---

1   사진 출처: 위키백과 사전, 아마존닷컴 홈페이지 제공

제프리 베조스가 성공한 핵심 요인은 무엇일까?

많은 성공 요인이 있겠지만, 그는 계획보다 행동을 더 중시하는 빠른 추진력을 지녔다. 또, 자신의 인맥을 활용해 최고의 인재들을 영입해 비즈니스를 추진해 나갔다. 그는 인재 영입을 어떤 혁신적인 제품보다 중요한 미래의 핵심 성장 동력으로 보았다. 그는 가장 적합한 인재 영입을 매우 중요시했다.

베조스는 대학교 졸업 후 유수의 회사로부터 취업 제안을 받았지만 거절하고, 월스트리트로 진출해 투자자로 활약했다. 얼마 후 인터넷 쇼핑 비즈니스를 구상하고는 바로 실천했다. 바로 자신의 차고에서 온라인 쇼핑몰을 창업했다. 그 후 2021년 3분기에 27년간 일했던 자신의 회사 CEO에서 물러나 이사회 집행 위원장 역할을 맡았다. 새로운 미지의 영역인 우주 사업에 도전하기 위해서였다.

멋지게 퇴장한 세계 1위 부자 제프리 베조스는 지난 2000년 민간 우주 기업 '블루 오리진Blue Origin'을 설립했다. 블루 오리진은 다가올 미래 우주 시대를 대비해 우주와 관련 사업에 투자하는 기업이다.

베조스는 나에게 많은 도전의식과 미래 연구의 중요성을 알려주었다. 그의 미지를 향한 새로운 우주 사업에 박수를 보낸다. 분명 새로운 미래의 청사진으로서의 우주를 이끌고, 더 많은 부를 창출할 것이라 기대한다.

부를 키우는 두 가지 힘

영원한 절대 부자는 존재할 수 없다. 미국에서 크게 성공한 기업인들을 보면 단지 돈을 벌기 위해 일하는 기업인은 적었다. 그들은 첫째, 자신들의 일을 사랑했고, 둘째 나아가 번 돈으로 다시 더 나은 것을 이루기 위해 미래를 준비했다.

.

부자가 되고 싶은 사람들에게 권한다. 자신이 선택한 일에 진지하게 몰입하고, 꾸준히 창의적으로 일하면 돈은 저절로 쌓이기 마련이다. 빤한 말 같지만 이를 평소에 실천하려면 그만큼의 굳은 결심이 필요하다. 우리 주변에 노력 없이 일확천금을 노리는 사람들이 더 많아서다.

그래도 시대적 변화에 따라 혁신적 태도를 갖고 주어진 일에 매진하면 분명 부를 확장할 것이다.

경영학 과목 '경영사례연구'는 성공한 경영이론과 혁신을 통해 성과를 낸 기업가정신을 다룬다. 이 과목을 연구하고 가르치다 보니 세계의 많은 부자 기업가들의 공통적인 특징을 찾아냈다. 바로 앞서 다룬 '기업가정신'이다. 그들은 자신만의 역량을 갖고 변화에 맞서 혁신적인 자세로 경영을 이끌었다.

'기업가정신'은 피터 드러커가 처음 사용한 용어로, 프랑스어 동사 'entreprendre'에서 유래해 '시도하다, 모험하다' 등의 뜻을 지녔다고 했다. 즉,

위험을 무릅쓰고 포착한 기회를 사업화하려는 모험과 도전의 정신을 말한다. 이와 더불어 피터 드러커의 스승인 경제학자 조지프 슘페터가 사용한 '창조적 파괴혁신' 역시 기업가정신과 맥을 같이 하는 용어다. 새로운 시장을 개척하기 위해 필요한 것은 혁신뿐이기 때문이다.

부를 키우는 두 가지 힘은 열정과 혁신에 닿아 있다.

부를 키우는 힘에 대해 배웠으니 앞으로는 개인이든 조직이든 기업가정신을 갖추고 혁신적인 자세로 비즈니스를 대해야 한다. 그래야 불확실한 환경에서도 보다 나은 시장을 개척할 수 있고, 사업도 더 크게 발전시킬 수 있다.

'기업가정신'과 '창조적 파괴'는 성장의 원동력이다.

돈맥을 부르는 성품

부자가 되고 싶다면 돈을 새로운 가치로 바라봐야 한다. 그리고 모든 분야에서 탁월한 성과를 이루려면 성품도 달라야 한다. 바른 투자 원칙 안에는 성품이 포함되어 있다. 나의 생각과 태도를 시원하게 바꿔야 돈맥을 쌓을 기회를 얻는다. 반대로 타성에 젖은 행동이나 보편타당한 생각으로는 부를 끌어당길 수 없다. 확실한 돈맥을 만들기 위해서는 자기연마를 통해 갖추는 도덕성이 중요하다. 그 성품이 넓은 관계력이 되어 부를 불러들이는 매력으로 작용한다.

내 주변에는 정말 일확천금의 횡재를 한 기업가가 많다. 그들이 어떻게 큰 부자가 되었을까 곰곰이 생각해 봤다.

지인 A의 경우다.

한 번은 그와 평소 친분이 있는 선배가 찾아와 땅을 사러 가려 하는데 시간이 되면 함께 가서 격려해 달라고 하였다. 좋은 일이니 함께 갔고 선배가 싸게 땅을 계약했다. 그런데 설명을 다 듣고 살 땅의 지형을 봤더니, 누가 봐도 분명 2~3년 후에 개발될 땅이었다. 그래서 자신이 살 땅도 있느냐고 물었더니 땅이 조금 남았다는 답변이 돌아왔다. 그 다음 주에 서둘러 계약했더니 아니나 다를까 산 땅이 수십 배 올라 큰 부자가 되었다.

이 사람에게는 왜 행운이 따랐을까?

바로 남이 더 잘되도록 돕는 도덕적 성품이 중요하게 작용했다. 그는 평소 부를 부르는 인맥력을 갖추고 있었다. 물론 실력과 노력도 중요하다. 하지만, 바른 도덕적 인품 역시 부를 부르는 데 아주 중요한 역할을 한다.

또 다른 지인 B는 큰 재산가다.

그는 수천 평 부지의 값비싼 공장을 갖고 있는데, 이 비싼 공장을 살 때는 아주 헐값에 매입했다. 사연을 들어보니 우연히 허름한 공장 앞을 지나가다 '공장매매' 문구를 보고 확인해 보았더니, 아주 싸게 나온 매물이었다. 이후 3개월 동안 그 공장이 있는 지형을 걷기도 하고, 어느 날은 자전거로 출근하다시피 들리어 동네 지형을 구석구석 살펴보았다고 한다. 미래 발전 가능성이 보여 그 공장을 샀고, 아니나 다를까 금싸라기 땅이 되었다고 한다.

이 지인의 경우는 아주 작은 정보일지라도 차분하게 확인했고, 지속적으로 관찰하며 주의 깊게 분석한 결과로 부를 얻었다.

이렇게 차분하고 현명한 성품 역시 부를 부르는 좋은 마력이다.

부를 부르는 자아혁명

깊은 산골에서 자란 나는 추수 시즌에는 학교에서 돌아오면 곧장 논밭으로 나가 빈 깡통을 치며 큰소리로 곡식 쪼아 먹는 새들을 쫓아냈다. 이와 비슷하게 사람이 모인 곳에서도 돈맥과 부의 기운을 쫓아내는 사람이 있다.

이들은 편협하여 남과 비교, 비난하기를 좋아한다. 말이 많고, 말투는 부정적이다. 자기주장이 강해 남의 얘기를 깊게 듣지 않으며, 언행일치言行一致도 기대하기 힘들다. 이런 사람이 있으면 돈맥과 부의 기운을 열어줄 사람들과 연결되는 데 장애요인이 된다. 돈맥과 부의 에너지 흐름을 막는다. 좋은 사람과 맺는 관계가 결핍되면 부의 흐름이 막혀, 있는 돈까지 새나간다. 대신 좋은 사람을 만나기 위해서는 나 또한 신의를 지켜야 한다. 일상의 신실한 언품言品이 결국 부의 기회를 넓힌다.

'돈맥'은 특별한 의미가 아니다. 주변 사람과 맺는 신실한 관계다. 부富로 흐를 정보를 나누는 관계 맺음이다. 고립된 관계로는 절대 부를 확장할 수 없다. 그러기 위해서 내가 먼저 변해야 한다. 난 부富는 자아혁명의 역량에 따라 결정된다는 또 하나의 지혜를 찾았다. 이 역량은 얼마든지 노력해 키울 수 있고, 키운 후로는 인생을 바꾼다. 태도와 생각을 바꾸면 변화된 삶을 살 수 있다. 삶에 한계를 정하지 말고 새로운 일에 끊임없이 도전하는 '자아혁명'을 실천하자. 이것이 부를 부르는 법칙이다.

황금알을 낳는 거위 기르기

앞서 부자들의 공통된 비밀 중 하나가 선택한 한 가지 일One Thing에 집중하고, 초超몰입하는 것이라고 말했었다. 파고들어 집중하면 숨어 있던 황금알을 낳는 거위를 찾을 수 있기 때문이다. 그런데 돈을 많이 벌고 부자가 되는 것이 목표의 전부가 되어서는 안 된다. 정작 중요한 것은 부자가 되고 나서 부를 관리하고 세상을 바라보고 해석하는 태도다.

아래 이솝 우화 〈황금알을 낳는 거위〉를 읽어보자.

> 한 농부가 일을 하고 있는데 거위 한 마리가 농장으로 들어왔다. 농부는 그 거위를 요리해 먹으려고 잽싸게 집 기둥에다 묶었다. 다음 날, 그 거위가 알을 낳았는데 신기하게도 알에서 황금빛이 나는 게 아닌가? 혹시나 하고 알을 보았더니 진짜 황금으로 된 알이었다.
>
> 그 뒤 계속해서 거위가 황금알을 낳은 덕분에 농부는 황금알을 시장에 팔아 큰 부자가 되었다. 그러던 어느 날, 농사짓기가 싫어진 농부가 황금알을 낳는 거위의 배를 가르면 훨씬 더 많은 알이 쏟아져 나올 거라는 기대를 품고 거위를 잡아 배를 갈랐다. 하지만, 거위의 배에서는 보통 거위들과 같은 붉은 피만 쏟아질 뿐이었다.

이 우화가 주는 교훈은 무엇일까? 바로 지나친 욕심이 있는 것조차 잃게 할 수 있다는 것이다. 욕심에 눈이 먼 나머지 자신에게 찾아온 고마운 황금알을 낳는 거위의 배를 가르는 어리석은 농부가 되어서는 안 된다.

황금알을 낳는 거위가 생긴 후 농부 부부는 더 열심히 일하기보다는 게을러졌고 불평도 많아졌다. 쉽게 황금알을 얻었다 보니 갈수록 욕심도 커졌다. 결국 거위의 배를 갈라 일확천금의 기회를 얻고자, 아무 노력도 하지 않고 부를 불리고 싶어 했다.

단순히 우화 속 이야기가 아니다. 이미 현실에서도 많은 사람이 노력 없이 쉽게 재물을 소유하고자 하기 때문이다. 과정을 인내하지 않고 결과만 바라다 보니 쉽게 포기하게 되고, 설령 부를 이루더라도 쉽게 잃는다.

돈에 대한 지나친 욕심 때문에 재산을 탕진하는 경우를 주변에서 심심치 않게 본다. 재물은 오기를 부려 모을 수 있는 것이 아니다. 황금알을 낳는 거위가 있다면 지속적으로 황금알을 낳도록 환경을 조성해 주는 일이 더 중요하다. 경제 상황을 치밀하고 주도면밀하게 분석하고, 때론 여유를 두고 관찰적 자세로 임하는 것이 훨씬 지혜롭다.

프랑스 소설가 베르나르 베르베르가 쓴 〈개미〉는 바로 그러한 자세로 쓰인 소설이다. 〈개미〉의 글 자체도 대단하지만, 그 작품의 위대한 힘은 작가가 실제 개미 관찰을 12년간이나 계속한 데서 나왔다. 그는 치밀하고 놀라운 개미 관찰로 개미

들의 사회성과 역할 분담이 인간 사회와 비슷함을 발견했다.

베르베르는 "가장 불행한 삶은 어떠한 삶인가?"라는 질문에 이렇게 답했다.

"시간의 주인이 자신이 삶이 아닌 삶, 그런 삶이 가장 불행하다고 생각합니다."

베르베르의 말처럼 하루하루 시간을 낭비하지 않고 주도적으로 유용하게 잘 쓰면, 반대로 성과 있는 행복한 삶을 만들 수 있다. 베르베르는 하루하루의 꾸준함으로 멋진 작품을 완성했다. 부(富) 역시 하루 24시간을 어떻게 정성 들여 꾸준히 활용하느냐에 따라 결정된다.

부자들은 인간사의 갖은 현상을 남들과 다른 관점으로 관찰한다. 다른 패러다임을 갖고 세상사를 치밀하게 연구하고 기회를 포착한다. 그들은 미래 돈의 흐름을 읽고는 앞서가서는 돈의 길목을 지키고 있다 재빠르게 찜한다.

황금을 대하는 자세

모든 사람은 자신만의 옥석을 지니고 있다. 그렇기에 사람과 관계를 맺을 때 한 사람, 한 사람을 마치 황금처럼 귀하게 대하는 것이 중요하다.

'케빈 베이컨의 6단계 법칙The Six Degrees of Kevin Bacon'을 들어보았는가? 인간관계에서는 6단계만 거치면 지구상의 대부분의 사람과 연결될 수 있다는 사회 이론이다. 보통 한 사람이 알고 지내는 최대 인적자원이 150~200여 명 정도이므로, 그 한 사람과 친분이 두터워지면 그 주변 사람들과도 관계를 넓힐 수 있다. 신실한 인간관계를 맺다 보면 그 안에서 황금인맥도 얻게 된다.

기업에서는 적합한 인재 한 사람이 조직과 기업을 성장시킨다고 말할 만큼 사람의 중요성을 중시한다. 앞으로는 사람을 대할 때, 황금을 대하듯 지밀하고 정성을 다해 대하자. 근엄하게 굴거나 지나치게 잘난 척하지 말고 밝고 환하게 대하며 인사성이 좋아야 한다. 어떤 상황과 자리에서도 정성을 다해 대한다. 그들이 미래 황금인맥의 통로가 되어줄 것이다.

장사가 잘되는 어느 가게의 성공 전략을 살펴본 적이 있다. 그저 친절과 미소 하나가 매일 큰 매출을 올려주고 있었다. 실제로 돈 잘 버는 가게에는 다음의 소리가 끊이지 않는다고 한다.

"어서 오세요."

– "안녕하세요, 사장님."

"보고 싶었습니다. 잘 지내셨죠!"

– "김치 더 가져갑니다."

"감사합니다. 또 오셔야 해요."

성공하는 비밀에는 결코 특별난 것이 존재하는 것이 아니다. 그저 진정성을 담은 덕德을 나누는 것. 귀하게 사람을 환대하면 자연스레 부의 기회가 확장된다. 나부터 진심을 다하게 되기 때문이다.

"돈이 되는 금융경제 공부습관"

》 꼭 알아야 할 금융경제 용어

플랫폼 시장

'플랫폼Flatform'의 사전적 의미는 사람들이 기차를 쉽게 타고 내릴 수 있도록 만든 편평한 장소연결지점다. 즉, '플랫폼Flatform = flat편평한 + form모습'은 여러 사람이 편리하게 이용할 수 있도록 만든 환경을 말한다.

성공적인 플랫폼 기업으로는 문서와 회의를 연결하는 구글, 친구와 관계 맺는 메타플랫폼스페이스북, 온라인 쇼핑몰 알리바바, 숙소 공유업 에어비앤비, 택시 서비스 공유업 우버 등이 있다. 그 외 많은 기업이 플랫폼 시장으로 진출하고 있다. 이 기업들은 정보 가치를 핵심 역량으로 사용하여 돈을 번다.

클라우드 컴퓨팅

'클라우드 컴퓨팅Cloud Computing'이란, 인터넷을 통해 서버, 스토리지, 데이터베이스, 네트워킹, 소프트웨어, 분석, 인텔리전스 등의 컴퓨팅 서비스를 제공하는 것이다.

세계 클라우드Cloud 1등 기업은 아마존Amazon에서 제공하는 AWSAmazon Web Services[2] 서비스이다. 아마존 창업자 베조스는 일찍이 미래를 내다보고는 클라우드 전략을 세웠다.

그 밖에 세계적인 클라우드 기업에는 MS, 구글, 알리바바 등이 있으며, 앞으로 클라우드 산업은 더욱더 성장할 것이다.

---

2   웹과 모바일의 애플리케이션, 빅 데이터 프로젝트, 소셜 게임, 모바일 앱에 이르는 거의 모든 물리적인 컴퓨팅 자원을 클라우드를 통하여 실행할 수 있는 다양한 인프라 및 애플리케이션 서비스 집합을 제공한다.

변화할 준비가 된 인재를 위한 법칙

"행동이 항상 행복을 가져오는 것은 아닐지 모른다.
하지만 행동 없이는 행복도 없다."

- 영국의 전 총리, 벤자민 디즈레일리

세네카의 죽음

자크 루이 다비드, 〈세네카의 죽음(1773)〉, 캔버스 유채, 123x160cm, 프티 팔레 미술관, 파리

철학사에서는 소크라테스의 죽음뿐 아니라 세네카Lucius Annaeus Seneca, B.C. 4~A.D. 65의 죽음 역시 철학적 죽음의 상징으로 본다.

나는 고대 로마사를 연구하다 세네카를 알게 되었는데, 그는 로마 제국의 황제인 네로Nero, 37~68의 스승으로도 유명하다. 세네카는 절제를 주장하는 스토아학파에 속했다. 고대 로마 제국시대의 철학자이자 사상가, 문학가였다.

그는 네로 황제의 암살 음모에 가담했던 사실이 드러나 사형을 선고받았다. 네로 황제가 자신의 스승이자 정치적 조언자이며 스토아 철학의 지도자였던 세네카에게 사형을 선고한 것이다. 화가 다비드Jacques-Louis David, 1748~1825는 65년 4월 로마 외곽의 빌라에서 일어난 철학자 세네카의 마지막 순간들을 그림에서 묘사했다.

철학자 세네카의 인생철학은 이렇게 요약할 수 있다.

> "우리는 결코 오지 않을 미래에 한눈을 팔고 또 미래를 걱정하느라 정작 중요한 오늘을 살지 못하고 있다. 인생은 연극과 같으니 중요한 것은 길이가 아니라 연기의 질이다."

또, 유명 경구인 "인생은 짧고 예술은 길다Art is long, life is short"라는 말은 고대 그리스 의학자 히포크라테스Hippocrates가 한 말을 세네카가 인용한 것이다.

기독교의 예수님과 거의 같은 시기에 태어난 세네카는 로마에서 변론술과 철학을 배웠다. 그는 성공하여 국가재무관과 네로의 스승으로 활동하였다. 69세쯤 역모로 의심받았을 때, 그는 스스로 혈관을 끊고 자살하려

했다. 그러나 피가 흐르지 않았고, 증기탕에 넣어달라고 해 그곳에서 질식되어 죽었다. 이 세네카의 죽음이라는 역사적 이야기를 그릴 때, 화가들은 증기탕보다는 뜨거운 물이 담긴 세숫대야로 사건을 표현했다.

세네카는 이렇게 말했다.

> "너 자신을 자연에 맡긴다면 결코 가난하지 않을 것이다. 자기 의견을 고집하면 결코 부자가 되지 못할 것이다."

> "바쁘게 일하기를 좋아한다고 해서 근면한 것은 아니다."

> "아무것도 모르는 것보다는 쓸데없는 것을 아는 게 낫다. 즉, 지식은 독서에서 나온다. 독서 없는 여가는 생매장 당하는 것과 같다. 그러므로 살아 있는 한, 사는 법을 계속 배워야 한다."

마치 오늘을 살아가는 사람들에게 남기었다 해도 전혀 부족함이 없는 그의 통찰력이 새삼 놀랍다.

돈이 되는 정보력

동아시아 최고 부자 기업인 홍콩 청쿵그룹의 창시자 리카싱李嘉誠, 1928~은 흙수저 출신으로 성공신화를 만들었다. 중학교를 졸업하지 못한 그는 15살에 청소부로 일하면서 한푼 두푼 돈을 모아 저축했다. 리카싱은 경제에 관한 자신의 철학을 이렇게 말했다.

> "재산이 많고 적건 간에 어릴 적부터 독립적으로 스스로 힘을 키우는 능력을 배양시켜야 한다."

세계 상위 부자 기업가 리카싱의 30년 지기 운전기사 일화는 매우 유명하다.

리카싱은 운전기사가 퇴직할 때가 되자 위로금으로 아주 큰돈을 건네주었다. 그 운전기사는 돈을 사양하면서 이렇게 말했다.
"저도 몇억 원 정도는 모아놨습니다."
리카싱 회장은 운전기사가 혹시 뭔가 불법적인 행동을 했거나 복권이라도 당첨되었는지 궁금했다.
"자네 월급이 150만 원밖에 안 되는데 어떻게 거액을 모을 수 있었나?"
운전기사가 곧바로 대답했다.
"제가 차를 몰 때 회장님이 뒷자리에서 전화하는 것을 듣고는, 땅을 사실 때마다 저도 그 주변에 조금씩 땅을 사놓았습니다. 때론 회장님이 어떤 주식을 살 때마다 저도 조금씩 따라서 사서 모았습니다. 그 결과 지금의 큰 자산을 가지게 되었습니다."

운전기사의 현명한 선택은 돈이 되는 정보를 가진 리카싱 회장을 가까이 모셨기에 가능한 일이었다. 실용적이고 값진 정보를 주의 깊고 가치 있게 들었고 집에 돌아가서는 그 정보를 부단히 연구했다. 결국 리카싱 회장의 정보력을 활용해 자신의 인생을 바꾸었다.

리카싱이 사업을 시작했을 때, 그의 자산은 한화로 고작 약 600만 원뿐이었다. 처음에는 플라스틱 공장 직원으로 일하다가 하청업체를 창업했다. 정착하기까지 많은 어려움이 있었지만 그때마다 다양한 독서를 통해 부족한 정보를 채웠다. 15세 이후로 정규 학교에 다닌 적은 없지만, 매일 새벽 4시에 일어나 중고교 교과 과정을 혼자서 독학했다. 매일 잠자리에 들기 전에는 30분 이상 책을 읽으며 배움의 집념을 잃지 않았다. 이러한 능동적 창조성은 결국 그가 성공하는 원동력이 되었다.

나는 리카싱의 이야기를 접하고는 부자가 되는 데 태도가 중요하다는 사실을 한 번 더 확신할 수 있었다. 주어진 시간을 잘 다스리거나, 정보를 잘 활용해서, 새로운 상품을 개발해서, 그리고 주위 사람들과 좋은 관계를 맺어서도 부의 기회를 얻을 수 있다는 사실을 말이다.

지속적인 인재 발굴을 위한 투자

훌륭한 리더들의 목표는 무척 단순하되, 생각은 크고 절대 한탕을 바라지 않는다. 맹목적으로 돈을 추구해 봤자 헛수고라는 것을 잘 알기 때문이다. 피터 드러커는 "경영자가 사업에 성공하려면 자신의 업이 무엇인지 간단명료히 설득할 수 있어야 한다"라고 말했다. 이처럼 자신이 하고 있는 일의 가치를 스마트하게 설득할 수 있어야 한다.

애플 iPhone 13

'자본주의Capitalism'의 사전적 정의는 '이윤 추구를 목적으로 하는 자본이 지배하는 경제체제'다. 즉 개인의 재능을 통한 사유재산 증식이 가능한 사회인 것이다. 따라서 자본주의 사회에서 부를 이룰 수 없다고 말하기에는, 지금 도처에 돈 벌 기회가 너무 많다. 누구든 자신의 잠재적 능력과 환경을 잘 활용하면 부를 확장할 수 있다. 하지만 많은 사람은 자본주의 경제체제를 기회의 바다로 보지 않는다.

애플사 창업자 스티브 잡스Steve Jobs, 1955~2011는 2006년 6월 말 세계적으로 혁신적인 핸드폰을 만들었다. 당시 업계 전문가들은 "누가 저 작은 화면으로 인터넷을 하겠는가?"라며 아이폰을 부정적으로 평가했다. 그런데 현재는 그 애플의 아이폰을 전 세계 10억 명 이상이 사용하고 있다. 한 분기 매출액은 수십조에 달한다. 아이폰의 기능은 실로 강력하다.

요즘도 나는 스티브 잡스에 매료되어 그의 도서들을 다시 읽는다. 그에게는 남다른 특별한 습관들이 있었고, 그 태도들이 성공을 이루는 중요한 요인으로 작용했다.

〈스티브 잡스의 특별한 습관〉
- 혼자 하기보다 주위 인재들과 함께한다.
- 어떻게 새로운 세상을 만들지 사색한다.
- 현재에 정체되지 않고 바깥으로 확장하려고 노력한다.

반면, 성장하지 못하고 중간에 멈추어 버린 사람들의 특징도 찾아냈다.

〈성장하지 못하는 사람들의 습관〉
- 혼자서 모든 것을 하려고 한다.

– 과거의 기준이나 원칙, 익숙한 것을 고수한다.

– 비슷한 사람끼리만 만난다.

이처럼 성과를 내느냐 못 내느냐의 가장 큰 요인은 바로 관계력에 달려 있다. 성공을 이루고자 한다면 주위 인재들과 협력하여 일을 일구어 나가야 한다. 혼자서 모든 것을 하려고 하면 안 된다.

성장하는 조직이 지속적인 인재 교육을 중시하는 이유도 여기에 있다. 새로운 교육과 배움에 투자하지 않는 조직은 성과를 기대할 수 없다. 또, 조직은 함께 공유하고 배우고 도전해야 성장한다. 그래서 경영의 혁신가 톰 피터스는 "기업의 최고 경영자라면 경기가 좋을 때는 교육 예산을 두 배 늘리고, 나쁠 때는 네 배 늘려라"라고 말했다.

이처럼 누구든 자신의 잠재적 능력과 환경을 잘 활용하면 부를 확장할 수 있는 기회가 주어진다.

무한한 시간의 무능력

"백수가 과로사 한다"는 우스갯소리를 들어보았는가?

일을 처리할 때 긴급함을 가지고 데드라인을 스스로 앞당겨 시작하면 동일한 자원과 능력을 가진 사람 사이에서도 결과에 큰 차이가 난다. 무조건 주어진 시간과 자원이 많다고 반드시 좋은 성과가 나는 것은 아니다. 오히려 데드라인을 정해 긴급하게 일을 처리할 때 큰 성과가 생긴다.

실속 없는 사람들을 칭하는 '흔들의자 증후군'이라는 말이 있다. 앞뒤로 움직임은 많지만 실은 어디로도 이동하지 않는 실속 없는 상태임을 일컫는다. 언뜻 보면 분주해 보이지만 매번 모여 하는 회의에서는 말만 무성하고, 장황한 메모를 하며 시간을 낭비하는 직장인의 모습처럼 말이다.

실속 있는 사람들은 동일한 일을 해도 데드라인을 정해 집중력을 활용하므로 같은 시간 동안 더 많은 일을 해낸다. 그들은 시간을 다스려 같은 일상에서도 생산적인 자세로 모든 일에 임한다.

- 파킨슨의 법칙 이해하기

영국의 역사학자 시릴 노스코트 파킨슨Cyril Parkinson, 1909~1993이 주창했던 파킨슨의 법칙Parkinson's Law: 확장의 추구은 관료화된 거대 조직의 비효율성을 비판하는 원리다. 즉, 공무원의 수가 업무량과 직접적인 관계없이 심리적 요인에 의해 꾸준히 증가한다는 이론이다. 사람은 상위 직급으로 올라가기 위해 부하 직원의 수를 늘릴 필요가 있고, 구성원의 수는 업무량의 유무나 경중에 관계없이 일정한 비율로 증가한다는 것이다.

〈조직의 2가지 관료주의〉

– 관리자는 경쟁자를 두기보다 부하 직원을 늘리려고 한다.

– 관리자는 직원들 서로를 위해 일거리를 만들어 낸다.

파킨슨은 이후 '지출은 수입만큼 증가한다'는 두 번째 법칙을 발표했다.

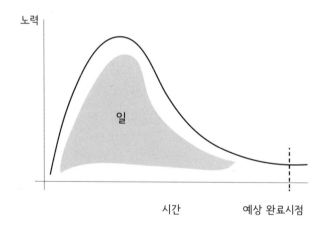

〈파킨스의 법칙 그래프〉

우리는 주어진 시간에 비례해 일을 완수한다. 그래서 데드라인 유무가 일을 처리하는 데 중요한 성과를 만든다. 예를 들어, 'A100'이라는 프로젝트를 완수하는데 12시간이 주어지고, 다른 사람에게는 18시간이 주어졌다면, 상황과 경우에 따라 다르겠지만 보통 이용 가능한 주어진 시간의 양에 비례해 시간을 생산적으로 활용하기보다는 낭비하게 된다. 그러므로 일의 우선순위를 정하고, 데드라인긴급함을 가지고 집중해야 한다. 더 적은 시간에 더 높은 성과를 올리도록 파킨슨의 법칙을 활용할 필요가 있다.

일을 할 때는 우선순위를 정해 긴급함을 갖고 임하자. 일의 마감 시한을 짧게 잡고 미루지 않도록 한다. 시간을 방해하고 낭비하는 환경이나 요인을 파악해 사전에 생산적으로 대처한다. 바쁜 일상 속에서도 시간을 체계적이고 효율적으로 관리한다. 업무 과정에서 최대한 시간적 낭비를 줄여 효율적으로 사용하자.

신기하게도 일을 처리할 기한으로 1주일을 주면, 그 일을 끝내는데 1주일을 다 쓴다. 똑같은 일을 2주일 안에 끝내도 된다고 하면, 같은 일을 완료하는 데 2주일이 소요된다.

즉, 개인과 조직의 생산성 제고를 위해서는 일정 정도의 제약이 필요하다. 예컨대 정해진 일이나 업무를 그에 적합한 최적의 시간 내에 함으로써 훨씬 더 큰 효과를 거둘 수 있다. 일의 우선순위를 갖고 임하면 일의 비효율성을 극복할 수 있다. 일은 반드시 마감시한을 두고 하자. 사전에 일의 집중력을 방해하는 요소들을 차단한다. 일을 기한 내에 완료했을 때는 보상도 따라야 한다. 일을 완료한 후에는 스스로에게 보상을 하자.

[실전 학습] 현재 하는 일에 파킨슨의 법칙 적용해 보기

만약 어떤 업무 처리를 위해 6시간이 주어졌다면 데드라인까지 최대한 시간을 쓰되, 긴급함을 갖고 일해보자. 할당된 시간에 맞추기 위해 우선순위를 정해보자. 결과가 앞당겨질 것이다. 만약 데드라인(긴급함)이 없다면 몇 시간이 주어져도 같은 결과의 일처리가 이루어진다.

효과		
4시간 활용	6시간 활용	8시간 활용
업무처리율 100% (데드라인 적용)	업무처리율 80%	업무처리율 90%

※ 목표 시간:

※ 우선순위:

  1)

  2)

  3)

  4)

  5)

※ 완료한 후 보상:

_____

_____

_____

피터의 원리 뛰어넘기

조직의 상사에 대한 연구 결과를 보면, '상사의 전문 지식 부족'이 가장 공통된 불만으로 나온다. 이러한 무능력한 상사에 빗대어 쓰는 말이 '피터의 원리The Peter Principle'다. 승진 과정이 반복되면 조직의 높은 자리가 무능력한 사람으로 채워진다는 이론이다. 미국 컬럼비아대 로렌스 피터로렌스 피터Laurence J. Peter 교수와 작가 레이몬드 헐이 수백 건의 무능 사례와 원인을 분석해 1969년 발표했다.

이 현상은 조직에서 윗자리가 비었을 때 단순히 아랫사람이 그 자리를 대신하기 때문에 일어난다. 검증 없는 승진 때문에 시간이 지남에 따라 모든 부서는 임무를 제대로 수행할 수 없는 무능한 사람들로 채워진다. 모든 구성원은 자신의 무능력함이 드러날 때까지 승진한다. 자신들도 그것을 당연하게 생각한다. 상층부 직책에 요구되는 능력이 없는 인물들로 부서가 채워지면서, 조직의 경영층은 죽은 나무들이 차곡차곡 쌓이는 격과 같아진다.

오래된 조직이 병드는 원인 중에는 '무능과 무시'도 있다. 서로 반목하는 조직 안에서는 뛰어난 사람이 성과를 낼 수 없다. 무능한 상사는 뛰어난 사람들이 승진하는 것을 막는다. 자신보다 못한 사람들만 고용해 자신의 무능을 감추려고 하기 때문이다. 유일한 해결책은 기업 구성원들 각자가 자신의 능력을 끊임없이 개발하여 스스로 역량을 높이는 것이다.

20:80 파레토의 법칙 이해하기

홋카이도대 교수인 하세가와 에이스케長谷川英祐의 저서 〈일하지 않는 개미〉를 읽어보면, 일개미 중 20%는 일하고 80%는 놀고먹는 것이 관찰됐다는 이야기가 나온다. 다시 열심히 일하는 개미만을 분류해 놓았더니 똑같이 20%는 일하고 80%는 노는 것이 관찰되었다. 다시 일하는 20%만 따로 모아놨더니 똑같은 결과가 나왔다.

일개미의 70%는 평상시 거의 아무 일도 하지 않고 빈둥대며, 10%는 평생 일하지 않는다. 80%의 개미는 열심히 일한 20%의 개미들이 물어 온 먹이에 의존하며 산다. 이러한 경우를 '파레토 법칙Pareto Law'에 비유한다.

빌프레도 파레토Vilfredo Pareto, 1848~1923는 어느 날 정원에서 키우던 완두 식물의 20%에서 건강한 완두콩의 80%가 수확됐다는 것을 깨달았다. 이후 그는 관찰을 통해 부富의 불평등한 분배 법칙을 세우기에 이른다. 이탈리아 국민 20%가 전체 국가 부의 80%를 소유하고 있다는 사실을 알아낸 것이다. 그가 사용한 이 파레토 공식은 경제학 외의 분야에서도 널리 적용되었다.

다음은 널리 알려진 파레토 법칙 이론들이다.

〈파레토 법칙 이론〉

- 이탈리아 인구의 20%가 이탈리아 전체 부의 80%를 가지고 있다.

- 80%의 생산량은 20%의 투입량으로부터 나온다.

- 우수한 20%의 인재가 80%의 문제를 해결한다.

- 기업 경영에서 20%의 문제가 해결되면, 나머지 80%의 문제는 저절로 해결
  된다.

- 전체 직원의 20%가 전체 업무의 80%를 처리하고, 기업이 내놓은 제품 중
  20%가 전체 매출의 80%를 차지한다.

이처럼 파레토의 법칙은 개인과 조직, 사회 전반에서 유용하게 적용된
다. 마케팅 측면에서도 이를 통해 소비자의 구매 패턴을 분석하면 반복적
인 구매를 위한 각종 프로모션으로 활용할 수 있다.

빌프레도 파레토.
이탈리아의 경제학자 겸 사회학자 빌프레도 파레토는
공학을 전공했고 탄광 운영을 시작으로 다양한 경력을
쌓았다. 그리고 스위스 로잔대학교의 교수가 되었다. 그
는 당시 연구되지 않았던 소득 분배의 법칙을 만들었다.
이 법칙은 그의 이름을 따서 '파레토의 법칙'이라고 불
리게 된다.

"돈이 되는 금융경제 공부습관"

» 꼭 알아야 할 금융경제 학습

학습 공동체 CoP

개인과 기업이 급변하는 사회적 산업 환경 속에서 성장하려면 지식경영의 핵심인 CoPCommucity of Practice, 학습공동체를 활성화해야 한다. 자본이 아닌 직원이 가지고 있는 지적 역량을 극대화할 때 기업의 성과가 높아진다. 미래의 디지털 시대에는 직원의 마인드 파워, 지적 역량을 활용하는 것이 확장의 핵심이 될 것이다. 창의적 아이디어가 곧바로 돈이 되기 때문이다.

» 꼭 실천해야 할 지침

자질구레한 일들 무시하고 오늘, 지금, 할 일 정리해 보기

1)

2)

3)

4)

5)

» 자본주의 / 취업 시장 신조어

자본주의	빚투족	빚을 내서 투자하는 사람들
	영끌족	영혼까지 끌어모아 대출을 받는 사람들
	주린이	'주식'과 '어린이'의 첫 글자를 따서 만든 주식 초보자를 가리키는 말
	코린이	'코인'과 '어린이'의 합성어로 코인 초보자를 가리키는 말

취업 시장	십장생	십대 태반이 장차 백수가 된다는 생각
	대학 오학년	1년 더 대학에 다니면서 취업을 준비하는 학생
	대학동지족	졸업을 늦추고 대학생 신분으로 학교에서 취업 준비 하는 학생
	낙바생	낙타가 바늘구멍을 통과하듯 아주 어렵게 취업에 성공한 사람
	삼팔선	38세가 되면 명퇴 여부를 결정해야 할 때가 된다는 의미로 지속적인 직장 생활이 어렵다는 말
	사오정	45세가 정년이라는 의미의 말
	오륙도	56세까지 직장에 남아 있으면 도둑놈이라는 의미의 말
	면창족	퇴직 압력을 받으며 별다른 일 없이 창밖만 바라보는 사람을 일컫는 말

다양한 화폐경제와 레버리지 투자

"같은 강물에
발을 두 번 담글 수 없다."

- 그리스 철학자, 헤라클레이토스

역사상 최고의 투자 사기꾼

'그레고르 맥그리거'가 그린 포이에스(Poyais) 섬 해안의 스케치

스케치를 보면 풍성한 수확과 강에 금이 가득하다.
투자하여 살고 싶은 곳임을 강조하기 위해서였다.

사람에게 돈은 왜 필요한가?

사람마다 이유가 조금씩은 다를 수 있지만 돈을 기반으로 재화가 거래
되는 자본주의 사회에서 각자의 꿈을 이루고 경제적 자립을 하기 위해서
는 돈이 필요하다. 작가이며 기업가인 김승호의 책 〈돈의 속성〉을 보면 그
가 성공할 수 있던 이유가 돈을 인격체로 대했기 때문이다. 즉, 돈을 감정
을 가진, 깊은 우정을 나누는 친구처럼 귀하게 다루었다.

누구든 평정심을 유지하면서도 돈을 사물이 아닌 신실한 친구 대하듯 귀하게 다루면 돈이 따를 것이다. 작은 돈일지라도 함부로 대하지 않고 소중하게 다루면 돈이 달라붙고 따른다.

과거 라틴 아메리카는 대부분의 지역이 스페인과 프랑스, 포르투갈의 지배를 받아 같은 문화를 공유하였다. 특히 경제정책 실패와 잦은 쿠데타와 독재 등의 정치 불안이 산업 발전을 저해했다.

라틴 아메리카는 스페인의 후원으로 크리스토퍼 콜럼버스Christopher Columbus, 1451~1506가 1492년 아메리카 대륙을 발견한 이후 그 존재가 세상에 알려졌다.

라틴 아메리카 초기1822~1825에는 신세계의 기대에 찬 누구든지 금과 은, 광산을 먼저 발견하는 사람이 임자였다. 유럽 사람들은 라틴 아메리카에 대한 것이라면 무엇이든 투자해 가지고 싶어 했다.

이처럼 과열된 상황에서 투자의 미래를 읽은 그레고르 맥그리거 Gregor MacGregor, 1786~1845는 돈 많은 동료 스코트에게 존재하지도 않는 국가의 땅인 포이에스Poyais 섬에 투자하라는 제안을 했다.

맥그리거는 자신이 그 포이에스의 왕자라고 말하는 놀라운 발표를

그레고르 맥그리거

했다. 새로운 신세계 포이에스 섬이 너무 비옥해 먹을 것과 볼 것이 풍부하며, 강바닥에는 금덩어리가 가득하고, 나무는 과일들로 넘쳐나고, 숲속에는 흥미로운 것들이 많다고 선전했다. 다만 부족한 것은 투자자들과 정착민들의 지역 자원 개발과 활용뿐이라고. 당시 중남미 사람들에게 포이에스 섬은 가보지는 못했어도 최고의 인기 투자 지역이었다.

이처럼 맥그리거는 1821년부터 1837년까지 영국과 프랑스의 투자자, 정착민을 포이에스로 끌어내려고 시도한 스코틀랜드의 군인, 모험가이자 신뢰 트릭스터confidence trickster였다. '신뢰 트릭confidence trick'이라는 말은 처음에는 신뢰를 얻은 후 그 신뢰감을 이용해 개인 또는 집단을 속이려는 시도다. 결과적으로 맥그리거의 포이에스 투자 계획은 역사상 가장 믿을만한 트릭 중 하나가 되었다.

맥그리거는 사람들의 심리적인 면을 읽고 포이에스 섬에 투자함으로써 얻을 수 있는 특권을 선전하는 인터뷰를 국영 신문에 실었다. 결과는 놀라운 성공을 거두었다. 1822년, 마침내 250명의 승객을 태운 배가 신화의 땅으로 떠났고, 2달간의 항해 뒤에 도착했다. 그러나 포이에스 땅은 맥그리거의 설명과는 완전히 달랐다. 그야말로 황무지였고 투자를 끌어내기 위한 사기극일 뿐이었다. 런던 은행은 존재하지도 않는 포이에스 국가에 채권까지 발행해 주었다. 이로 인해 라틴 아메리카에서는 최초의 부채 위기가 발생했다.

사람들의 심리를 읽은 사기꾼 맥그리거가 말한 포이에스 섬은 현실에 존재하지 않았다. 그러나 그의 풍부한 상상력은 많은 사람을 투자로 이끌기에 충분했다. 어쩜 지금도 많은 투자가들은 부의 호기심을 유발하는 정보들에 엄청난 상상력을 더해 투자 욕망을 느끼고 있는지도 모른다.

포이에스 국가 화폐
맥그리거가 만들어 선전한 허구의 땅에서 사용된 화폐

희소성의 화폐경제

태평양에 있는 미크로네시아 연방 얍Yap 섬에는 독특한 화폐제도가 있다. '페이Fei'라고 불리는 돌 바퀴Stone wheel Money로 운영되는 제도이다.

마이크로네시아 얍 섬의 화폐, 페이[1]

---

1   이미지 출처: 블로그
     https://m.blog.naver.com/PostView.naver?isHttpsRedirect=true&blogId=picpark&log
     No=221284162409

거래 시 페이는 300마일 정도 떨어진 곳에서 채굴되며, 크기는 약 3.7m 나 된다. 거래가 이루어지면 곧바로 이 거대한 돌덩이를 새로운 소유자에게 운반해 주어야 한다. 얍 사회에서는 이 돌덩이를 많이 소유할수록 부자다. 그들의 머릿속에서는 이 무겁고 큰 돌덩이가 바로 실용적인 화폐이자 돈의 가치로 자리 잡은 것이다.

이렇듯 돈의 종류와 형태는 생각보다 다양하다.

갈수록 가속화될 디지털 경제사회에서는 지갑에 있는 종이돈 만 원도 돈이지만, 통장계좌에 찍힌 숫자 10,000도 돈이다. 가상지갑 속 10,000 페이pay도 안전한 돈이다. 다만 디지털 자산은 가상자산무형이라는 점이 특징이다. 이를테면 이제는 디지털 암호화폐도 안전자산이 될 수 있다. 이 디지털 자산은 경제적 부를 확장하는 데 기여하고 있다.

희소성을 가진 금(Gold)

한편, 금속주의자Metalist는 화폐의 가치가 소재인 금속 그 자체에 있다고 보는 사람들이다. 금속주의자에게 돈이란 화폐 자체가 지닌 소재로 교환이 가능하거나 가치를 매길 수 있어야 하기 때문이다. 그래서 그들은 희소성을 가진 금을 최고 자산으로 활용한다.

과거 사람들은 금본위제도Gold standard System를 옹호했다.

금본위제도란 시중에 유통되는 화폐돈 단위의 가치를 금 가치로 표시하는 제도를 의미한다. 중앙은행에 금을 비축해 두고, 금의 가치만큼 지폐로 된 화폐를 발행하여 시장에 유통시키는 제도다. 예를 들어 쌀 20kg짜리를 하나 샀을 때 지불한 화폐를 가치가 동일한 금과 교환할 수 있다. 그래서 과거 경제에서는 통화로 금과 은, 철로 만든 화폐가 유통되었다.

금속주의자들에게는 금이 가장 안전한 자산이다. 그들은 금이 딱딱하고, 만질 수 있는, 희소성과 내재적 가치를 지닌 실질 화폐라고 말한다. 또, 금은 무수한 쓰임새를 갖고 있어 펴서 늘릴 수도 있고, 동시에 내구성이 강해 녹여서 모양을 변형할 수도 있다. 금은 전기 전도성도 뛰어나 전기회로판에 사용되며, 변색이 잘 되지 않아 치아 임플란트에도 쓰인다.

중요한 건 활용도가 높은 만큼 금은 희소하여 전 세계를 통틀어 채굴된 금의 총량은 큰 수영장 2개를 채울 정도밖에 안 된다고 한다. 바로 이 희소성scarcity 때문에 금의 가치가 생기는 것이다.

레버리지를 이용한 자산 불리기

- 레버리지(지렛대) 효과 이해하기

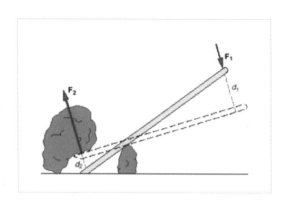

경제학에서 레버리지leverage, 지렛대 효과란 차입한 돈을 지렛내 삼아 자기자본이익률return on equity을 높이는 것을 말한다. 한마디로 부족한 돈을 빌려 투자한 후 수익률을 높이는 방법이다.

'지렛대 원리The principle of the Lever'는 고대 그리스 철학자 아리스토텔레스가 발견하였다. 지레 장치를 이용해 무거운 물건을 힘들이지 않고 쉽게 올리는 원리다.

'지금 하는 일은 성장하고 있는가?'

'10년 뒤에도 이 일을 계속 하고 있을까?'

'내가 이 분야에서 최고가 될 수 있을까?'

은유적으로 눈을 가진 돈은 부富를 늘리기 위해 열정을 가진 사람에게 붙어 함께 일하고 싶어 한다. 돈과 열정은 결코 별개가 될 수 없다. 이런 인식을 지니는 것이 쉽고 안전하고 빠르게 돈을 벌어 부의 계단으로 오르는 방법이다.

그렇다면 자산을 늘릴 수 있는 또 다른 방법에는 무엇이 있을까?

바로 레버리지를 적절히 이용하는 방법이 있다.

이때는 먼저 개인의 미래 재정 계획을 세운 다음, 레버리지를 활용해야 한다. 필요 시 인맥 레버리지를 통해 돈을 빌리기도 하고, 정보 레버리지를 통해 알맞은 투자를 할 수도 있다. 그런 다음 차츰 더 나은 저금리 대출로 갈아타는 것이다. 꼭 필요하지 않은 지출은 줄이고, 저축과 투자를 꾸준히 늘려야 한다. 자산이 늘어나더라도 계속하여 지출을 통제하고 사용 예산을 짜서 처리한다.

위와 같은 과정을 실천하면 빚은 정리해 가면서 여러 투자 관리에 통달하게 된다. 결과적으로 자산은 불어나고, 재정적으로 더 자유로워질 수 있다. 그리고 무엇보다 레버리지 투자를 통해 자산을 불리는 능력을 갖추게 된다.

레버리지를 가치 투자로 활용하면 새로운 부를 창출할 수 있다. 그렇기 때문에 역사상 최고 부자들의 공통점 중 하나도 레버리지를 적극 활용했다는 것이다.

여러분도 명확한 비전을 설계하여 레버리지를 전략적으로 활용한다면, 분명 부富의 기회를 얻을 것이다.

가치 레버리지

'가치value'는 사전적 의미로 인간의 욕구나 관심을 충족시키는 것을 의미한다. 만약 사람들이 어떤 것에 돈을 지불할 만큼 충분한 경제적 가치가 있다고 판단한다면 그 가치는 거래로 이어질 것이다. 가치 레버리지는 빠른 시간 내에 돈을 버는 전략으로 활용될 수 있다. 잘 활용한다면 지렛대의 실질적인 힘으로 돈을 버는 데 도움을 받는다.

경제 용어 '레버리지leverage'는 서비스와 보수의 규모와 속도 및 그들이 가진 영향력을 의미한다. 우리는 남의 가치를 활용해 훨씬 높은 이익을 올릴 수 있다. 흔히 '시간은 돈이다'라는 말이 있다. 이는 레버리지 된 시간을 말한다.

즉, 돈을 벌기 위해서는 시간과 돈의 관계를 잘 이해하여 유용하게 활용해야 한다. 예로 배당금, 저작권, 이자 등 투자된 시간은 우리가 쉴 때도 쉬지 않고 일하며 우리의 수입을 올려준다. 그러므로 시간을 주도적으로 사용하여 레버리지 효과를 높이고, 지속적인 소득을 창출해야 한다.

큰돈을 벌어 부자가 되는 일은 정말 멋진 일이다. 당신도 그러한 부자가 될 수 있다. 하루 1,440분의 시간을 레버리지하면 말이다.

부의 원리는 단순하다. 노동과 저축을 통해 부자가 되기보다는 레버리지 시스템을 통해 부를 축적하면 된다. 다시 한번 말하지만 세상에서 가장 쉽고 안전하고 빠르게 돈을 버는 실질적인 전략은 레버리지 원리를 잘 활용하여 경제적 가치를 만들어 내는 것이다.

세계적인 투자가 워런 버핏이 복리 효과를 설명하기 위해 사용한 경제 용어는 '스노우볼 효과snowball effect'다. 눈사람을 만들 때 주먹만 한 눈덩어리를 계속 굴리고 뭉치다 보면 어느새 산더미처럼 커지는 현상을 빗댄 말이다.

즉, 복리 효과란 원금의 이자에 이자가 붙어 나중에는 큰 자산이 되는 현상을 말한다.

나는 이를 "복리라는 꽃에 시간이라는 물을 주어라"고 표현하는데, 어떤 기자가 워런 버핏에게 "어떻게 그렇게 많은 재산을 모았냐?"고 물었더니 버핏이 이렇게 답했다고 한다.

"복리 이자의 효과를 누렸기 때문입니다."

레버리지 인맥

국가 GDP란 '국내총생산Gross Domestic Product'의 영문 약자다. 이는 일정 기간 동안 한 국가에서 생산된 재화와 용역의 시장 가치를 합한 것을 의미한다. 앞으로는 국가 GDP보다 개인 GDP가 더 중요한 사회가 될 것이다.

기업도 성장을 위해 여러 가치에 투자해야 하고, 연구와 마케팅에도 지속적으로 돈을 써야 기업 가치를 높일 수 있다. 또한 개인도 정기적으로 훈련과 개발에 힘쓰고, 계획한 비전과 성과 지표를 검토하면서 투자해야 개인 GDP를 늘릴 수 있다. 그런데 개인 GDP를 증가시키려면 주변의 유익한 자원이 필요하다. 혼자서는 어렵다. 학습 멘토가 필요하고, 레버리지 인맥도 활용할 수 있어야 한다. 이를 통해 얻는 유익한 정보가 필요하다.

'레버리지 인맥'이란 무엇일까? 쉽게 말해 멘토다.

최고 부자 빌 게이츠에게 멘토는 워런 버핏이었다. 투자의 귀재이자 부자인 워런 버핏의 멘토는 컬럼비아 경영대학원의 벤저민 그레이엄 교수였다. 부자들은 모두 멘토들과 만남을 가졌고, 서로 억만장자가 되는데 영향을 끼쳤다. 이것이 바로 레버리지 인맥이다.

다양한 레버리지 환경정보, 인맥, 자산 등을 갖추면 자산이 늘어날 기회를 분명 얻을 것이다. 이는 더 적은 노력으로 더 많은 성과를 내는 결과를 창출한다. 개인 GDP를 늘려주는 계기가 된다.

💰 "돈이 되는 금융경제 공부습관"

» 꼭 알아야 할 금융경제 학습

신용 경제

자본주의 사회에서 경제적 부를 얻고자 한다면 신용은 필수 요소다.

신뢰信賴, Trust와 신용信用, Credit은 동의어처럼 사용된다. 어원은 라틴어로 '나
는 믿는다'를 뜻하는 'credo'에서 유래했다. 돈은 신뢰에 의존한다. 돈은 신
뢰 위에서 항상 빠르게 흘러간다. 신뢰가 돈을 끌어들이기 때문이다. 신용 경
제에서 가장 좋은 자산은 결국 신뢰다. 신뢰가 곧 돈이다.

» 꼭 실천해야 할 지침

나만의 저축 및 투자 계획 짜기

- 주간 및 월간 계획

- 단기(1~4년) 투자 계획

- 장기(5~10년) 투자 운영 계획

레버리지 인맥 체크하기

☐ 돈을 원하고 꿈만 꾼다.　　　☐ 배우고 성장한다.

☐ 생각과 꿈이 크다.　　　　　☐ 더 알 게 없다고 생각한다.

☐ 돈과 부를 공부한다.　　　　☐ 미래를 본다.

☐ 부자를 경멸한다.　　　　　☐ 과거와 현재에 만족한다.

☐ 부자 인맥을 갖고 있다.　　　☐ 멘토가 있다.

☐ 자신과 비슷한 인맥을 갖고 있다.　　☐ 자신을 믿는다.

존 템플턴 경의 가치 투자 전략

"대부분의 투자자들은 주로 시장의 움직임이나 향후 전망
자료에 의존해 투자하는 경향이 있다. 그러나 기업의 내재
가치에 중점을 두어 투자한다면 더 좋은 성과를 얻을 수 있다."

- 투자의 대가, 존 템플턴 경

진짜 이번엔 다르겠지!

단언컨대 탄탄한 내공을 갖춘 투자가는 끊임없는 시장의 변화와 산업 트렌드를 읽고 금융경제 공부습관을 유지한다. 이러한 나의 생각과 일찍이 일치하는 생각을 가진 사람이 있었다. 20세기 최고의 가치 투자 선구자로 불리는 존 템플턴 경이다. 그는 전 세계에서 가장 존경받는 가치 투자의 대가다.

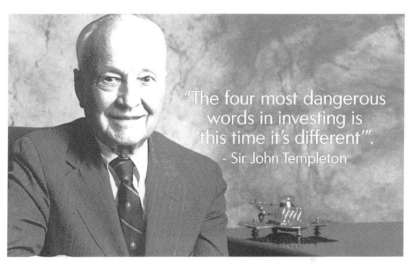

존 템플턴 경
투자자에게 흔치 않게 '경(Sir)'이라는 칭호가 선사된 대가다.

앞서 말했듯, 미국의 포브스지는 템플턴 경을 '해외투자의 선구자, 역사상 가장 성공한 펀드매니저 중 한 사람'으로 소개했다.

영혼의 투자가 템플턴 경은 투자의 원칙 2가지를 우리에게 알려주었다.

〈존 템플턴 경의 투자 원칙 2가지〉
1) 저평가된 성장가치 주식 찾기
2) 유명 우량주(대기업) 중 할인된 기업 주식(성장가치) 찾기

그의 투자 제1원칙은 저평가된 성장가치 주식을 찾는 것이다. 이때, 성장가치가 있는 주식을 싸게 사는 유일한 비결은 모두가 팔려고 할 때 사는 것이다. 이어 중요한 제2원칙도 알려주었다. 유명 우량주 중, 성장할 기업을 찾아 사는 것이다. 여기서, '유명 우량주'란 검증된 실적 기록을 갖춘 강력한 내재적 성장 기업을 말한다.

제1원칙에서 보이듯이, 존 템플턴 경은 심각한 주식 시장 하락기, 특히 다른 사람들이 주식을 팔 때를 투자의 최고 황금기라 보았다. 즉, 혼란과 공포로 얼룩진 시장에서 최고의 기회를 잡으라는 것이었다. 최고로 비관적일 때가 가장 좋은 매수 시점이며, 최고로 낙관적일 때가 가장 좋은 매도 시점이라고 생각했다.

다음 말은 존 템플턴 경의 생생한 투자 전략 지침이다.

"좋은 주식이 낮은 가격에 매매되는 것은 단 한 가지 이유뿐이다. 투자자들이 주식을 내다 팔기 때문이다. 다른 이유는 없다. 따라서 투자자들이 비관적이 될

때 비로소 낮은 가격에 주식을 살 수 있다."

"투자에서 가장 위험한 문장은 '이번엔 다르다'이다."

보통의 투자가들이 실패하는 가장 큰 이유는 늘 똑같은 운을 기대하기 때문이다. 즉, 막연히 '이번엔 다르겠지'가 아니라 스스로 다른 전략을 세워 투자해야 한다. 투자 전략은 그때그때마다 시장의 변화를 읽어서 달라져야 한다. 절대 같아서는 안 된다. 워런 버핏의 스승 벤저민 그레이엄이 유행을 따라 감정적인 투자를 해서는 절대로 안 된다고 주장한 뜻도 이와 같다. 즉, 개인의 감정을 배제하고 비판적으로 접근해야 안정적인 투자가 가능하다.

이기는 투자 전략은 결코 편협적인 정보에 흔들리지 않는다. 이것이 바로 존 템플턴 경이 말하는 투자 전략의 핵심이다.

누구든지 투자로 부의 계단을 오르고 싶다면 필히 투자의 대가였던 존 템플턴 경의 충고를 되새기자.

"The 4 most dangerous words in investing are: 'This Time it's different'."
(투자에서 가장 위험한 4개의 영어 단어는 '이번에는 다르다'라는 말이다.)

결정적 가치 투자 전략 법칙 10가지

미국에서 태어난 영국의 투자가 존 템플턴 경은 예일대학교를 수석으로 졸업했고, 영국 옥스퍼드대학교에서 경제학을 전공했다. 젊은 시절부터 소득의 절반을 저축했으며, 주당 80시간 일하는 성실함을 보였다. 검소한 삶으로 투자자들의 존경을 받았다.

가치 투자의 대가 존 템플턴 경이 전하는 10가지 투자 전략은 최고의 투자 명언이다. 누구든 투자에 관심이 있다면 이 10가지 투자 전략만큼은 실로 외워 실천에 적용하기를 바란다.

〈존 템플턴 경의 10가지 투자 전략〉

* 괄호 안의 내용은 필자의 개인적인 견해다.

1. 실질 수익에 투자하라

향후 물가상승률과 세금을 감안한 실질적인 수익을 목표로 투자해야 한다.

(때론 조금 이익을 내고도, 손실을 봐도 매매한다.)

2. 열린 마음을 가져라

상품 하나가 항상 최고의 수익을 올릴 수는 없다. 다양한 상품과 투자 방식에 유연하고 열린 사고로 접근해야 한다. (한 가지 방식만을 고집해서는 안 된다.)

3. 대중을 따르지 말라

시장의 패닉(공황상태)에 즉각 행동하지 말고, 숨을 깊게 쉰 다음 자신의 포트폴리오를 분석해야 한다. 팔아야 할 시점은 시장이 추락하기 전이지 후가 아니다. (시장의 변화에 한발 뒤로 물러나 관망하는 자세도 필요하다.)

4. 영원한 것은 없다

항상 긴장된 자세로 자신의 투자를 면밀히 주시하라. 아무리 강한 강세장도 영원하지 않으며, 약세장도 언젠가는 끝난다. 사 놓고 잊어버릴 수 있는 주식은 이 세상에 없다. (적절히 긴장된 자세를 갖고 소유 종목에 조금씩 변화를 가한다.)

5. 인기주를 멀리하라

모든 사람이 사고자 하는 주식은 이미 가격이 많이 오른 경우가 많다. (대신 성장 가치주의 움직임에 따른다.)

6. 실수에서 배워라

실수하지 않기 위해 투자하지 않는다면 그 자체가 가장 큰 실수다. 실수에서 배우자. 실수의 상황을 확실하게 통찰하지 않고서는 상황을 결코 반전시킬 수 없다. (실수보다 좋은 공부도 없다. 투자 실패는 철저히 분석한다.)

7. 비관 속에 사라

비관이 최고조에 달했을 때가 가장 훌륭한 투자 적기다. (위기와 폭락은 올라타기 좋은 적기다.)

8. 가치에 투자하고 싸게 매수하라

마켓 트렌드나 경제 전망에 근거해 투자하지 말고 개별 주식의 가치를 매수하되, 저평가된 좋은 주식의 발굴에 힘써라. (성장가치주를 발굴하기 위한 꾸준한 노력이 필요하다.)

9. 세계 전체를 탐색하라

산업, 위험도, 국가별로 포트폴리오를 분산해서 투자하라. 하나의 국가에 치우치지 말고 전 세계로 눈을 돌려 더 좋은 투자 기회를 발굴하라. (전 세계의 경제와 증시, 정치, 산업 트렌드 등을 꾸준히 파악한다.)

10. 모든 것을 다 아는 사람은 없다

현명한 투자자는 새로운 질문에 끊임없이 해답을 찾는 과정이 곧 성공이라는 것을 인식하는 사람이다. (진짜 투자가는 열정적으로 전념한다.) [1]

---

1   인용 출처: 〈존 템플턴의 가치 투자 전략〉, 역 김기준, 비즈니스북스

금융경제에 능한 투자가가 이긴다

"모두에게 맞는 기성복이 없듯이 누구에게나 다 맞는 주식은 없다."

"개구리가 뛰는 방향하고 주식이 뛰는 방향은 귀신도 모른다."

위 주식 격언을 듣고 무슨 생각이 드는가? 그냥 얻은 정보보다 노력해서 얻은 투자 철학이 더 중요하다는 의미다. 오를 주식을 사고자 한다면 평소 금융경제 흐름을 읽고 증시 시장을 철저히 분석해야 한다. 이유인즉, 그 누구라도 경제와 주가의 향방을 정확히 예측하기는 어렵지만, 손쉽게 얻은 정보는 큰 실수를 야기할 수 있기 때문이다.

돈 버는 종목, 필히 오를 종목은 누군가 일러주어 알게 되는 것이 아니다. 스스로 경제 지표와 기업 가치 종목, 국내외 경제, 정치, 산업 등 전반을 평소 공부하고 준비해야 안다. 이렇게 길러진 금융경제 능력으로 투자 현장으로 들어가 매매하는 것이다. 한마디로 직접 내공을 길러 투자에 참여하는 것이 이기는 전략이다.

개인 투자가들이 돈을 벌지 못하는 이유 중 하나가 귀동냥한 정보나 일반 뉴스 정보에 의존하기 때문이다. 또, 애널리스트도 아닌데 초단타 위주로 투자하다 보니, 제풀에 무너지는 경우가 많다.

다음 문장을 읽고, 스스로에게 자문해 보았으면 한다.

– 나는 투자할 기업과 증시에 대해 적극적으로 공부하고 투자하는가?

– 나는 포트폴리오 투자 전략을 짜서 그대로 해봤는가?

– 나는 현재 미래의 산업 트렌드와 관련된 책을 읽고 있는가?

– 나는 미래 성장가치 종목을 얼마나 정확히 알고 있는가?

이러한 물음에 시원하게 답하지 못한다면 투자는 잠시 멈추고, 금융경제 눈을 키우고 나서 시작해도 늦지 않을 듯하다.

"돈이 되는 금융경제 공부습관"

» **더 생각해 볼 주제**

인플레이션과 GDP의 관계

저성장 경제 상황을 설명하기 딱 좋은 단어가 인플레이션Inflation이다.

인플레이션은 물가재화와 용역 수준의 지속적인 상승으로 나타나는 경제 현상이다. 원인은 초과 수요와 비용 상승 등이다. 이는 국민경제와 개별 소득, 부의 재분배, 경제 성장에 절대적인 영향을 미친다. 특징으로는 화폐 가치가 하락함으로 투자 시 현금성이 좋은 투자가 필요하다.

반대로 디플레이션Deflation은 통화량이 적어서 물가가 떨어지고 화폐가치가 올라가 경제활동이 침체되는 현상이다. 즉 일반 물가 수준이 계속해서 하락하는 현상을 말한다. 인플레이션의 반대 개념이다.

인플레이션과 GDP는 함께 늘어난다. 물가 상승이 계속되면 민간 경제 주체가 인플레이션이 계속될 것이라고 예측하고 행동을 결정하기 때문이다.

따라서 정부의 재정, 금융 정책을 잘 예측하고 경제 흐름을 파악해 경제활동에 적절히 반영한다.

다음 괄호 (　　　)에 알맞은 단어를 넣어보자.

예를 들어 거시적 공급 측면에서 정부의 재정 정책에 따라 시장에 자금이 들어와 정부 투자가 계속 증가한다고 가정하자. 인플레이션율(inflation rate) 수요 곡선은 어느 쪽으로, 어떻게 움직일까?

▶ 인플레이션 공급 곡선은 (　　　　)하는 곡선이다.
　 GDP는 (　　)가고, 고용(실업률)도 (　　)한다.

2

» 꼭 알아야 할 금융경제 학습

존 템플턴 경의 가치 투자 전략 10가지 적기

1)	6)
2)	7)
3)	8)
4)	9)
5)	10)

존 템플턴 경의 투자 원칙 2가지 적기

1)
2)

2　　답: 우상향(오른쪽 위로 이동) / 올라 / 증가

» 꼭 실천해야 할 지침
. . . .

나의 이기는 투자 철학 적기

아래에 현재 나만의 이기는 투자 마인드를 간략하게 적어보자. 그리고 지금 적은 투자 철학을 그대로 실천하자.

– 나의 주식 철학 5가지 적기
1)
2)
3)
4)
5)

부의 눈이
뜨이는
고전 경제력

고전에서 건진 부의 지혜

"창고가 가득해야 예절을 알고
의식이 넉넉해야 명예를 안다."

- 춘추시대 제나라 사상가, 관중(管仲)

죽기 전에 꼭 인문 고전 읽기

훈민정음 언어학자 세종대왕_{1418~1450}은 사마천司馬遷 〈사기史記〉의 열렬한 독자였다. 자신이 몸소 읽고는 집현전의 선비들에게 〈사기〉를 나눠주어 읽게 하였다. 대하소설 〈토지〉를 집필한 작가 박경리도 〈사기〉를 읽으며 살았다고 한다. 나 역시 중국 춘추전국시대를 살다간 이들의 삶과 사상과 업적을 다룬 〈사기〉를 고전 인문학 클래스에서 가장 많이 다룬다.

죽기 전에 고전 〈사기〉를 꼭 읽어야 하는 가장 큰 까닭은 참다운 인간성을 회복하고 인간다운 삶의 길로 이끌어 주는 책이기 때문이다. 또한 처세의 신의信義를 가르쳐 준다. 오늘날 신의는 무엇과도 바꿀 수 없는 값진 가치다. 때론 부富의 인맥으로 발휘되기도 하는 위대한 힘이다. 경제가 어려울수록 국민이 서로 신뢰하여 협력하고 뭉쳐야 선진국으로 도약하는 것도 마찬가지 원리다.

IT 기업 애플의 창업주 스티브 잡스는 바쁜 사업 와중에도 사색과 인문 고전에 취해 있었다. 그는 스마트폰을 만들어 내면서 이러한 말을 했다.

> "만약에 내가 소크라테스와 점심을 같이 할 수 있다면 우리 회사가 가지고 있는 모든 기술을 그의 철학과 바꾸겠다."

세계 최고의 갑부이자 마이크로소프트사 창업주 빌 게이츠는 이렇게 말했다.

"나는 매일 밤 독서를 한다. 독서가 나를 부자로 만드는데 큰 밑천이 되었다."

이렇듯 인문 고전에는 삶의 가치를 깨닫고 발휘하도록 만들어 주는 힘이 있다. 더불어 고전은 부를 확장하는 데 필요한 지혜를 제공한다. 하루하루 독서로 삶을 채울수록 섬세하고 진지한 부의 눈을 뜨게 될 것이다.

고전 속 통찰의 눈 키우기

왕안석

11세기 중국 송나라의 개혁 정치가 왕안석王安石, 1021~1086은 뛰어난 문필가였다. 그의 책 〈고문진보〉 중 '권학문'이라는 글에 나오는 부의 비법이 되는 문장을 소개하고자 한다.

貧者因書富(빈자인서부)
富者因書貴(부자인서귀)
가난한 자, 책으로 인하여 부유해지고
책 읽어 실패하는 것은 보지 못했다

단호하며 올곧은 성격을 가진 왕안석은 정치, 군사, 경제, 사회, 문화 등 전 분야에 걸쳐 신법新法을 실시한다. 그의 개혁은 송나라를 광대하게 변모시켰다. 그는 어린 시절부터 글쓰기와 책 읽기를 좋아했으며, 문장력이 뛰어나 일찌감치 대大문장가로 불리었다.

왕안석은 독서의 중요성을 강조하면서 부자가 된다 해도 책 읽는 것보다 더 중요한 것은 없다고 말했다. 그리고 자기성찰을 통해 바른 인품을 갖춰 더 나은 사람으로 성장할 수 있음을 설파했다.

그러니까 꾸준히 책을 읽고 사색하면 자연히 그처럼 통찰력을 갖춰 생산적인 것을 창출할 수 있다.

왕안석이 주도한 신법은 강자의 횡포를 견제하고 약자를 보호하는 성격을 지녔다. 또한 알뜰한 경제 사회를 건립하는 기본 바탕이 되었다.

부富의 방식을 따르고 인문 고전에 취해 있다면 통찰적 눈을 갖게 되어 탁월한 선택을 하며 미래의 부를 끌어당기게 될 것이다. 보다 나은 풍요로운 삶을 누릴 것이다.

고전의 전기문학과 작품 속에는 부자가 되는 데 꼭 필요한 지혜가 여전히 가득하다. 그 부의 지혜를 실천하면 통찰의 눈이 키워져 반드시 부자가 될 것이다.

실용주의 고전 경제학

고전古典들은 하나같이 경제를 중히 여겼다.

중국 최초의 경제학자로 불리는 정치가이자 재상을 지낸 관중管仲도 〈관자管子〉에서 백성과 나라를 부유케 하는 것을 가장 우선적인 정책으로 여기는 사상을 펼쳤다. 당시에는 무력이나 군사력 확장에만 주력했지만, 관중은 경제를 중시했고 이를 실천하였다. 그렇다고 단순히 경제력 증강만을 강조한 것은 아니었다. 그의 경제정책은 수단이었고, 이를 통해 백성들의 도덕의식을 향상시키는 것이 목적이었다.

관중은 말했다.

"창고가 차야 예절을 알고, 의식이 족해야 영예와 치욕을 안다."

〈사기〉의 저자 사마천은 필선부민必先富民의 정책을 펼쳤다.

'필선부민'이란 백성의 살림이 넉넉해지는 것이 필히 먼저 선행해야 한다는 뜻이다. 그는 정치에 앞서는 것이 국민의 경제라고 생각하였다. 즉, 부유해지고 싶은 인간의 본성을 잘 이해하고 있었다. 사마천은 〈사기〉 '화식열전'에서 재산과 권력의 관계를 이렇게 전한다.

"천하 사람들은 모두 이익을 위해 기꺼이 모여들고, 모두 이익을 위해 분명히 떠난다."

아래 역시 사마천의 뛰어난 경제 마인드를 이해할 수 있는 글귀다.

> "사람들은 자기보다 10배 부자면 시기와 질투를 하고, 100배 부자면 두려워하며, 1,000배 부자면 그 사람의 일을 대신 해주며, 10,000배 부자면 그 사람의 노예가 되고 싶어 한다."

사마천은 경제활동을 매우 우선시하였고 긍정적으로 평가했으며, 실용주의적 자본관을 가지고 있었다. 예절과 윤리도 경제적 기반이 튼튼해야 발휘할 수 있다는 것이다.

> "돈 있는 곳에야 사람이 모여든다."

사마천이 알려준 부의 가르침

사마천은 세상의 이치를 알아야 돈의 이치도 안다고 하였다. 국가든 개인이든 실용주의 실물경제에 대한 신념을 가져야 한다고 했다. 돈을 벌고 싶어 하는 것이 인간의 본능이기 때문이다. 돈을 좇아야 부를 얻는다.

사마천 〈사기〉 중 '화식열전貨殖列傳'은 경제와 부자들에 관한 이야기이다. 재화 '화貨', 번성할 '식殖'의 '화식貨殖'은 말 그대로 '돈을 번다'는 뜻이다. '열전列傳'은 제왕과 제후를 제외한 역사적 인물들의 사적을 기록한 전기傳記다. 이는 눈에 보이지 않는 무형자산인 '화貨'를 증식해 눈에 보이는 땅, 부동산, 농장, 금, 은 등의 유형자산으로 불릴 수 있다는 가르침이다.

사마천의 부富에 대한 가르침을 보면, 돈에 대한 사람의 속성을 이보다 더 냉혹하게 표현한 문장은 없을듯하다.

> 富者 人之情性 所不學而俱欲者也
>
> (부자 인지정성 소불학이구욕자야)
>
> 부는 사람의 성정으로, 배우지 않아도 모두 바라는 것이다.

예나 지금이나 사람의 삶에서는 먹고사는 문제, 곧 경제 능력이 가장 중요한 작용 요소다. 사마천은 시대를 앞서가는 열린 실물경제 논리를 갖고 있었다. 그는 경제 위기를 실용주의적인 경제 논리로 풀어나갔다.

다음은 사마천의 경제적 가치가 담겨 있는 가르침이다. 꼼꼼히 읽고 그 의미를 삶에 적용해 보자.

"사람도 부유해야만 인의를 따르게 된다. 부유한 사람이 세력을 얻으면 세상에 더욱 드러나고, 세력을 잃으면 빈객들이 갈 곳이 없어져 따르지 않는다."
(人富而仁義附焉.富者得勢益彰, 失勢則客無所之)

"1년을 살려거든 곡식을 심고, 10년을 살려거든 나무를 심으며, 100년을 살려거든 덕을 베풀어라. 덕이란 인물을 일컫는 말이다."
(居之一歲, 種之以穀; 十歲, 樹之以木; 百歲, 來之以德. 德者, 人物之謂也)

다음 〈사마천〉이 알려주는 부의 법칙 3가지를 암기하여 실제 삶에서 실천하면 분명 경제적 자유를 얻을 것이다. 사마천은 부자가 되는데 세 가지 단계가 필요하다고 말했다.

〈사마천이 알려준 부의 법칙 3가지〉

1) 무재작력(無財作力): 첫째는, 가진 돈이 없을 때는 맨몸으로 시작한다.

2) 소유투지(少有鬪智): 둘째는, 그렇게 해서 돈이 조금 모이면 머리를 쓴다.

3) 기요쟁시(旣饒爭時): 셋째는, 어느 정도 돈이 모이면 때를 잘 맞춰 투자한다.

– 〈사기〉 '화식열전' 중

"돈이 되는 금융경제 공부습관"

» 꼭 실천해야 할 지침
. . . .

사마천의 명언 읽고 필사하기

◎ "사람들은 자기보다 10배 부자면 시기와 질투를 하고, 100배 부자면 두려워하며,

　1,000배 부자면 그 사람의 일을 대신 해주며, 10,000배 부자면 그 사람의 노예

　가 되고 싶어 한다."

_____

_____

_____

_____

_____

사마천이 알려준 부의 법칙 3가지 뜻 적기

1) 무재작력(無財作力): _____

2) 소유투지(少有鬪智): _____

3) 기요쟁시(旣饒爭時): _____

뉴노멀 시대의 업글:인간

"삶에 의미가 있다면, 그것은 시련이 주는 의미다.
시련은 운명과 죽음처럼 삶의 빼놓을 수 없는 한 부분이다.
시련과 죽음 없이 인간의 삶은 완성될 수 없다."

- 수용소에서 살아남은 정신과 의사이자 심리학자, 빅터 프랭클

배고픈 산 나귀와 배부른 집 나귀

거칠고 험한 산에서 살아가는 산 나귀가 있었다. 산 나귀는 이곳저곳 돌아다니며 자유롭게 살았다. 다만 가끔 무서운 동물에게 쫓기거나 먹을 양식이 부족해 배가 고픈 것이 문제였고 종종 굶기도 했다. 그러던 어느 날 산 나귀는 양식을 구하러 다니다가 우연히 집 나귀를 만났다. 집 나귀는 따사로운 햇살을 받으며 한가롭게 풀을 뜯어먹고 있었다. 산 나귀는 그 모습이 무척이나 행복해 보였다. 산 나귀는 부러운 눈으로 집 나귀를 바라보며 말했다.

"이봐, 집 나귀야. 너는 먹이를 찾아 돌아다니지 않아도 되겠구나. 목장에서 이렇게 싱싱한 풀을 마음껏 뜯어먹을 수 있으니 참 행복하겠어!"

집 나귀는 산 나귀의 얘기를 듣고도 고개도 돌리지 않고 풀만 계속 뜯었다. 산 나귀는 제대로 먹지 못해 비쩍 마른 자신의 다리를 내려다보며 나무 그늘 아래로 가서 지친 몸을 뉘였다. 그런데 어디선가 무서운 나귀 몰이꾼이 나타나 풀을 뜯던 집 나귀를 끌고 어딘가로 데려 갔다. 아직 배가 차지 않은 집 나귀가 잠시 머뭇거렸다. 몰이꾼은 나귀의 살찐 엉덩이를 마구 내리치며 무거운 짐을 잔뜩 지게 했다.

이 광경을 지켜보던 산 나귀는 몸을 부르르 떨며 말했다.

"저런! 난 이제 집 나귀가 부럽지 않아. 편하게 잘 먹는 대신 그만큼의 대가를 채찍으로 치르는구나."

이 이솝 우화 '산 나귀와 집 나귀'의 이야기를 통해 한 가지는 분명히 깨달을 수 있다. 자신이 원하는 것을 얻는 데에는 그에 합당한 대가가 따른다는 것을 말이다.

노벨 경제학상을 수상한 유명 경제학자 폴 새뮤얼슨Paul Samuelson, 1915~2009은 "세상에 공짜 점심은 없다"라는 명언을 남겼다. 노력 없이 얻어지는 것은 없다.

'남의 손에 든 떡이 내 손에 든 떡보다 커 보인다', '한 다리가 길면 한 다리는 짧다'라는 속담처럼 나보다 아주 상황이 나아 보이고 행복해 보이는 사람도 어딘가 어두운 그림자 한 조각쯤은 갖고 있기 마련이다.

우리는 내가 이미 가지고 누리는 것에 대해서는 당연하게 생각하면서 내가 가지지 못한 것을 불평하고 원망한다.

산 나귀는 집 나귀의 안정된 삶을 부러워했지만, 그 안정된 삶을 누리기 위해 집 나귀가 얼마나 고단한 부림을 당하고 살아야 하는지 실상을 몰랐다. 그 실상을 보고 나서 비로소 자신이 누리는 자유로운 삶이 얼마나 귀한 것인지를 깨달았다.

앎을 실천으로 행하기

고대 그리스 철학자 소크라테스는 진리의 절대성을 추구했다. 그는 인간의 행복은 올바른 지적 인식을 통하여 그 앎을 실천함으로써 도달 가능하다고 설파했다. 설령 부당하게 언도된 사형일지라도 당당하게 받아들일 수 있는 용기가 참된 지식아레테: arete, 훌륭함, 탁월함이라 하였다. 아레테는 사물의 궁극적인 용도나 기능을 의미하는 단어로, 인간의 아레테는 도덕적 탁월성을 말한다. 고로 앎은 덕德이자 행위로 연결되어야 했다. 소크라테스의 제자 플라톤Platon, B.C. 427~347은 인간이 사물과 구별될 수 있는 본질이 덕이라고 했다. '덕'은 사람됨이 고결하고 아름다움을 의미한다.

명나라 왕수인王守仁, 1472~1528에 의해 형성된 양명학陽明學에서는 지식과 실행이 서로 들어맞는다는 뜻으로 '지행합일知行合一'을 말했다. 중국 남송의 유학자 주희주자 朱子, 1130~1200는 알知고도 행行하지 않는 것은 진정으로 안다고 할 수 없다고 말했다.

이 두 철학자의 조언은 '지知'와 '행行'이 둘로 나눌 수 없고, 실천함으로써만 서로 일치함을 가르친다.

독일의 철학자 프리드리히 니체Friedrich Nietzsche, 1844~1900는 영혼의 위로자라 불리는 고대 그리스 철학자 에피쿠로스Epikuros, B.C. 341~270를 좋아했다. 에피쿠로스는 에피쿠로스 학파Epicurianism의 창시자다.

에피쿠로스

행복을 강조했던 에피쿠로스에게 철학의 목적은 평온한 삶을 얻는 것이었다. 그는 우정을 행복의 중요한 재료로 여겼고, 행복하고 평온한 삶의 특징은 평정, 평화, 공포로부터의 자유, 무통이라고 생각했다.

에피쿠로스 학파는 여성을 예외가 아닌 정식으로 받아들인 첫 학파였다. 아테네에 정원을 구입하여 공동체를 시작했기 때문에, 에피쿠로스 학파는 '정원 학파The Garden Path'로도 불린다. 에피쿠로스 학파는 쾌락주의 철학의 시조였다. 하지만 그가 주장한 쾌락은 방탕한 환락이 아니라 고통과 혼란으로부터 해방되는 일종의 평정아타락시아: ataraxia을 의미했다.

에피쿠로스는 누구든 행복할 수 있다고 생각했다.

그가 말하는 행복은 무절제한 삶으로부터 오는 것이 아니라, 오히려 절제되고 욕심을 버리는 삶에서 왔다. 물질과 영광만을 추구하지 말고 음식, 친구와 같은 소소한 행복을 즐기면서 참된 삶을 살라는 의미였다.

오늘날의 소확행이 떠오른다. 하지만, 아무리 작은 소확행小確幸일지라도 행함이 없으면 얻을 수 없다.

처절한 고독의 철학자

프리드리히 니체

　니체는 수줍은 성격 탓에 여자들로부터 연이어 퇴짜를 맞으며 결혼을 꿈꾸는 데 지쳤다. 허약한 건강은 더 악화됐고, 계속하여 사랑에 실패하며 극심한 우울증을 앓았다. 결국 니체는 몸이 쇠약해져 쓰러졌고, 보호시설에서 남은 생을 보냈다. 그렇지만 자신이 비난했던 기독교인의 그릇된 행동거지는 끝까지 보이지 않았다. 니체는 죽음을 맞이하는 그날까지 처절하도록 고독과 싸웠다.

니체는 작센 주의 라이프치히 시 근처 뢰켄이라는 작은 마을에서 태어났다. 아버지는 성직자였으며 어머니 역시 성직자의 딸로 독실한 기독교 신자였다. 니체는 그 지방의 성직자들이 모인 자리에서 세례를 받았고, 평생 술을 마시지 않았다. 4살 때 돌아가신 아버지를 존경하며 평생 그리워하고 기억하며 살았다. 훗날 그는 아버지 묘소에 묘석을 세웠는데, 거기에 고린도전서 13장 8절 말씀을 새겼다.

"사랑은 언제까지나 떨어지지 않거늘."

니체는 화가 중 르네상스 시대 이탈리아의 천재 화가로 불리는 라파엘로 산치로 다 우르비노Raffaello Sanzio, 1483~1520를 가장 사랑했다. 라파엘로는 '아테네학당', '시스틴의 성모' 등 숱한 명작을 남긴 르네상스의 미술 거장이다. 니체는 당시 미켈란젤로나 레오나르도 다 빈치보다 덜 유명했던 라파엘로를 더 좋아했다. 라파엘로가

라파엘로, 〈천사(1500)〉, 성 아우고스티노 예배당, 라파엘로 최초의 그림

자신의 부족함을 인정하고 결점을 찾아내 더 나은 화가가 되기 위한 배움의 자양분으로 사용했기 때문이다.

1483년 우르비노에서 태어난 라파엘로는 1504년이던 21살에 당대 최고

라 칭송받던 미켈란젤로와 레오나르도 다 빈치, 두 거장의 작품들을 연구하기 위해 고향 우르비노를 떠나 피렌체로 갔다. 그는 거장들의 작품을 세심하게 관찰하고 익힌 밑그림들을 가슴에 새겼다. 피렌체에서 4년 동안 끊임없이 두 거장의 작품을 연구했다.

라파엘로가 우르비노에서 그린 그림
〈한 젊은 여자의 초상(1503)〉

피렌체로 옮겨서 그린 그림
〈한 여자의 초상〉

〈여자의 초상〉 스케치를 보면 피렌체에서 그린 그림에서 더 편안한 움직임과 그림을 향한 라파엘로의 피나는 노력과 집념이 느껴진다. 라파엘로는 명성을 얻었어도 배움을 멈추지 않았고, 자신만의 작품을 발전시켜 나갔다. 그리고 37세의 나이로 갑자기 죽음을 맞이했다. 니체는 다른 거장의 장점을 끊임없이 배워 자신의 것으로 만든 라파엘로를 무척 좋아했다. 니체 자신도 행복을 얻으려고 노력했고, 처절하게 고독과 싸웠지만, 행복은 고통을 치르지 않고서는 결코 얻을 수 없는 것임을 깨닫는다.

부자의 일침

거상巨商 임상옥林尙沃, 1779~1855의 이름을 한 번쯤 들어봤을 것이다.

그는 조선 제23대 국왕 순조純祖, 1790~1834 때 인삼무역으로 만금의 돈을 모은 인물이다. 작가 최인호의 소설 〈상도商道〉를 통해서도 많이 알려졌다.

임상옥은 보따리 장사를 하며 자랐다. 인삼무역 가게에 들어가 말단 심부름꾼으로 아침 일찍 출근해 밤늦도록 열심히 일했다. 그렇게 의주 최고 부자 홍득주洪得周의 눈에 띈다. 그런데, 임상옥은 칭찬을 들을 줄 알았던 홍득주에게 의외로 호통을 들었다. 당대 최고의 부자가 일침을 가하며 던진 한마디는 이것이었다.

"그런다고 돈이 벌리는 줄 알아!"

무조건 '시키는 일만 열심히' 하는 자세보다 '무엇을 어떻게 해야 하는지'를 생각해야 한다. 즉, 홍득주는 창의적 생각을 강조했다. 현명한 지혜가 장사의 성패를 결정하기 때문이다. 훗날 큰 부자가 된 임상옥은 성공 비결을 "장사는 이익을 남기는 것이 아니라 사람을 남기는 것"이라고 말했다.

생각 없이 무조건 일만 한다고 부자가 되는 것이 절대 아니다. 생각도, 행동도, 지혜를 갖춰 달라져야 한다. 능동적 행동, 주도적인 삶의 자세가 필요하다. 이때 앎은, 행行을 위한 가장 기본적인 용기와 자신감을 준다.

진 시황제의 실용주의 경제정책

최초로 중국을 통일한 진秦 시황제始皇帝 B.C. 259~210, 재위 220~210는 '황제皇帝'라는 직위명을 최초로 사용한 인물이다. 자신이 이전 왕들과 다르다며 스스로 '황제'라 일컬었다. 그는 전국 칠웅 진나라의 제31대 왕이자 제1대 황제였다.

진 시황제는 시대를 초월하는 경제적 사고로 새로운 경제사를 이루었다. 그는 하루에 많은 업무량을 처리하지 않고는 결코 휴식하지 않을 정도로 많은 경제정책을 펼쳤다. 장사나 사업가들을 타 지역으로 이주시켜 지역경제를 활성화하는 매우 앞선 경제정책을 선보였다.

폭군이라는 비판을 받았지만, 진 시황제는 누가 뭐래도 중국 역사에서 가장 많은 업적을 이루었다. 여섯 개의 나라를 합병해 중국을 통일했다. 도로망을 건설하고 만리장성을 완성하는 등 중국 역사의 기본 틀을 만들었다. 처음으로 재정·통화 정책을 시행했고, 교역交易을 번창시켰다. 중국 문자를 통일해 전국에서 같은 문자가 사용되었다. 그가 펼친 경제산업 정책은 현대사회 관점에서도 혁신적인 업적으로 평가된다.

진 시황제가 통일 국가를 이루는 데는 철기 석궁石弓으로 무장한 최강의 군대, 철기문화 도입으로 인한 철제 병기가 일등공신이었을 것이다. 당시 쇠뇌는 활을 개량한 첨단무기였다. 검과 창이 주 무기였던 당시에는 진나라의 쇠뇌를 당할 무기가 없었다. 신무기 쇠뇌와 석궁의 대량 생산은 전국 통일의 가장 중요 요인이었다. 특히 승상이었던 이사李斯, B.C. 284~208는 생산된 무기의 최고위 감독자로서 무기산업의 혁신을 중점에 뒀다. 진 시황제의 통일 사업은 10년 만에 완수되었는데, 최초의 통일제국을 건설하는 데 기여한 일등공신은 '이사'라고 말하곤 한다.

- 진 시황제의 앞선 경제정책

진 시황제는 혁신적인 경제정책 중 하나로 전매제를 실시했다. 이윤이 많이 남는 소금과 철을 정부만 팔게 해 큰 이윤을 남겼다. 또, 도량형을 통일시키고, 새로운 화폐 체계를 확립했다. 전차의 바퀴 폭을 통일했고, 도로 건설을 통해 교통 발전과 지역경제에도 큰 도움을 주었다. 폭 114m의 아방궁을 짓는 등 무수한 건축물도 조성했다. 진나라가 중국을 통일할 때 인구는 1,000만 명이었으나 그중 200만 명을 노역에 징병할 정도였다.

이렇다 보니 진 시황제 때 중국의 산업과 경제는 가장 크게 발전했다. 경제 발달의 초석을 마련한 진 시황제는 곧바로 표준화를 위한 대대적인 혁신을 강행해 한마디로 중국을 실용주의 경제국가로 만들었다.

요즘 뉴노멀New Nomal 시대에는 스스로가 아무것도 바꾸지 않고 혁신하지 않으면 성과를 내기 어렵다. 혁신을 위해서는 대대적인 업그레이드가 필요하다. 힘들고 고되지만 변화를 위해 고난과 실패에 맞서는 것을 나는 '업글:인간'이라 부른다.

"돈이 되는 금융경제 공부습관"

» 꼭 알아야 할 금융경제 용어

뉴노멀

'뉴노멀New Nomal'은 시대 변화에 따라 새롭게 떠오르는 기준, 표준을 뜻하는 신조어다. IT 버블이 붕괴된 2003년 이후 미국의 벤처투자가인 로저 맥나미Roger McNamee, 1956~가 처음 사용하였다.

세상은 팬데믹의 대혼란을 겪으면서 뉴노멀이라는 새로운 기준을 요구하고 있다. 뉴노멀은 시대 상황 변화에 따라 과거의 표준이 더 이상 통하지 않고, 새로운 가치 표준이 세상의 변화를 주도하는 상태를 가리키는 용어다.

부를 이룬 창조적 상상력

"지혜란 우리가 절망에 빠져 있을 때, 원하지 않아도
신들의 위대한 은총으로 우리에게 다가온다네."

- 그리스 작가, 아이스킬로스

실패는 있어도 포기는 없다

- 어떤 것도 포기하기엔 이르다

레이 크록Ray Kroc, 1902~1984은 당뇨를 앓다 늦은 나이인 53살에 맥도날드 1호점을 차렸다. 샘 월튼Samuel Moore Walton, 1918~1992은 44세에 월마트를 창업했다. 커넬 샌더스Colonel Sanders, 1890~1980는 65세에 KFC 사업을 시작했다. 킹 질레트King Gillette, 1855~1932는 48세에 면도기의 대명사인 질레트를 창업했다. 존 로널드 루엘 톨킨John Ronald Reuel Tolkien, 1892~1973은 62세에 소설 〈반지의 제왕〉을 탈고했다.

혹시 지금 자신의 상황을 돌아보고는 '나 같은 사람은 절대 부자가 될수 없어'라고 생각한다면 그 생각은 버려야 한다. 학력이 좋아야 부자가 될수 있다는 생각도 같다. 세계적으로 대부분의 부자들은 학력과 무관하게 자수성가했다. 대신 학교에서 받는 교육보다 실용적인 인문학 교육이 그들의 성공에 더 많은 영향을 끼쳤다.

이처럼 진정한 부를 이룬 비결은 그들의 환경적 요소가 아닌 새로운 도전이었다. 실패를 딛고 다시 도전하는 것, 실패하더라도 재기를 도모하는 부의 마인드가 성공을 결정했다.

연금에 의존해 살던 샌더스는 늦은 나이에 KFC를 창업했다. 그는 6살때 아버지를 여의고, 토마토 통조림 공장에서 오랜 시간 일했다. 17세에 군에 입대했고, 전역해 철도 노동자, 보험업, 타이어 판매, 조명 제작 등 다양한 일을 경험했지만 다 실패했다. 결국 65세에 낡은 트럭 한 대에 자신의 닭튀김을 싣고 전국을 돌아다녔다. 샌더스는 무려 1,008번 거절당했지만 포기하지 않았고, 1,009번의 도전 끝에 자신의 요리법으로 만든 치킨 납품 계약을 맺는다. 그 결과, 전 세계 140개 이상의 국가에 3만 개 이상의 매장이 운영 중이다.

샌더스가 성공할 수 있었던 이유는 수많은 실패에도 굴하지 않고 다시 도전한 정신에 있다. 비참한 상황에서도, 실패, 실패, 거듭 실패하는 상황에서도 '실패는 있어도 포기는 없다'는 마인드로 부를 이루었다.

- 62세, 10년 만에 탈고한 작품

2001년 시작된 판타지 소설 〈반지의 제왕〉 3부작은 편당 10억 달러(약 1조 1천억 원)에 가까운 수익을 기록했다. 작가 존 로널드 루엘 톨킨은 62살에 이 판타지 소설을 완성했다.

그가 3살이 되던 해 아버지는 사망했고, 어머니는 4살이 되던 해에 언어와 책 읽기, 글쓰기를 가르쳤다. 많은 책을 읽었는데, 특히 판타지 작품을 많이 읽었다.

존 로널드 루엘 톨킨

이는 훗날 그의 작품 세계를 형성하는 데 지대한 영향을 끼친다. 그러나 그의 나이 불과 12세 때 어머니마저 세상을 떠난다. 그는 고아가 되어 교회에 맡겨졌다.

| 〈반지의 제왕〉 (첫 번째 단행본 표지, 1968) | 〈반지의 제왕: 반지 원정대〉 (영화, 2001) |

어려운 환경 속에서 자란 톨킨은 훗날 판타지 세계를 제대로 정립한 〈반지의 제왕〉, 〈호빗〉, 〈실마릴리온〉 등을 집필하며 판타지의 아버지로 불리게 된다. 영국 BBC는 지난 천 년 동안을 기준으로 가장 위대한 작가 6위에 톨킨을 선정하기도 했다. 〈반지의 제왕〉은 그가 집필한 지 10년만인 1948년에 드디어 탈고되었다. 그렇게 탈고하고 나서도 6년이나 지난 1954년에 작품이 출판되었다. 그의 나이 62세였다. 어려운 환경에 굴하지 않은 톨킨

의 포기를 모르는 거대한 상상력은 실로 위대한 작품을 만들어 냈다. 그의 작품은 명실상부한 세계 최고의 판타지 작품이 되었다.

세계적 베스트셀러 〈성공하는 사람들의 일곱 가지 습관〉의 저자 스티븐 코비Stephen Covey, 1932~2012는 성공을 다음과 같이 정의했다.

> "(성공은) 현실을 벗어나 외부로부터 주어지는 하나의 이상이 아니다. 그것 또한 자신의 내부에서 시작되는 현실이다."

성공이나 상상력은 외부에서 달려오는 것이 아니라 내부에서 꺼내 발휘되는 것이다. 주위 환경이 변화하기를 바라기 전에, 자신부터 변화에 적극적으로 나서야 한다. 나부터 변화해야 외부로 변화를 가져갈 수 있다.
그러므로 당장 진부함을 버리고 자신만의 차별성으로 경쟁력을 키워나가자.

본질을 꿰뚫는 통찰적 사고

고대 철학자 아리스토텔레스는 "현상은 복잡하지만 본질은 단순하다"라고 말했다. 지성을 바탕에 둔 통찰적 사고는 자신의 진보에도 커다란 영향력을 끼친다.

20세기 최고의 과학자로 평가받는 알버트 아인슈타인Albert Einstein, 1879~1955은 "(평소에 우리가 경험하는) 시간은 언제나 똑같은 템포로 나아가고, 공간은 눈앞에 확실히 존재한다"라며, 현상 뒤에 숨어 있는 본질에 관심을 가졌다. 그 결과 그는 진보하여 우주의 진정한 모습을 밝혀냈다.

아이스킬로스Aeschylos, B.C. 525~455는 고대 그리스의 대표적인 비극 작가다. 그는 약 90편의 비극을 집필했으나, 현재 남아 있는 작품은 일곱 편뿐이다. 아이스킬로스는 〈아가멤논〉에서 고통을 통한 지혜의 체득을 강조한다. 고통은 결코 고통만으로 끝나지 않는다. 이는 항상 지혜로 이어진다. 그래서 아이스킬로스 비극의 핵심은 '고통 없이는 지혜나 깨달음도 없다No wisdom without pain'이다.

러시아의 작가 도스토예프스키도 "고통은 곧 생활이다. 고통 없는 인생 뒤에는 아무런 쾌락도 없다"라고 말했다.

세계 최초의 여성 시인인 사포sappho는 기원전 610년에서 580년경에 활동했던 고대 그리스 시인이다. 철학자 플라톤은 사포의 예술적 능력을 신의 반열까지 올려놓기도 했다.

〈첨필을 든 지성의 여성 사포〉, 폼페이 프레스코화,
나폴리 국립 고고학 박물관

당시 레스보스 섬 여성들은 각종 사교모임을 통해 오락과 예술을 즐기는 등 활발한 사회활동을 했다. 그림은 실제로 금실 머리와 큰 금 귀걸이로 화려하게 차려입은 사교계 폼페이의 여성을 묘사한다. 왼손에 리본으로 묶인 밀랍 조각 세트를 들고 오른손에는 첨필을 입술에 대고 생각에 빠진 듯 관객을 똑바로 응시한다. 지성적이며 아름다운 여성이 사려 깊게 무언가를 생각하는 모습이다.

우리는 그림 속 사포처럼 의외로 깊이 생각하지 않는다. 가장 스마트한 인간답게 어떤 문제든 진지하게 생각하는 것이 당연한데 별로 차분하고 진지하게 사색하지 않는 편이다. 그렇다 보니 눈에 보이는 현상 뒤에 숨은 본질을 꿰뚫어 보는 힘이 부족하다. 눈에 보이는 현상만 읽어서는 어떤 일에서든 좋은 성과를 낼 수 없다. 큰 부를 일군 부자들은 본질을 꿰뚫는 통찰력을 키워 그들이 하고자 하는 일에서 좋은 성과를 냈다.

기네스북에 세계에서 가장 지능 지수가 높은 사람으로 등재된 마릴린 보스 사번트Marilyn vos Savant, 1946~는 "지식을 얻으려면 공부를 해야 하고, 지혜를 얻으려면 관찰을 해야 한다"라고 말했다.

현상 뒤에 숨어 있는 본질을 읽어낼 때는 실제로 손을 움직여 쓰거나 스케치 등으로 그림으로써 자신의 생각을 시각화하면 한 단계 더 깊은 곳에서의 사고가 가능해진다.

일상생활에서는 매일 아침 신문이나 잡지를 보는 것으로 통찰력 강화 훈련을 할 수 있다. 책을 읽고는 미래에 이루어질 일들을 상상해 보는 것도 좋다. 그다음으로는 다양한 책을 읽고 적고 그려 시각화해 보자. 생각이 깊어진다. 마지막으로 자신이 체득한 논리를 다른 사람들과 즐겁게 대화하며 깊고 넓게 확장해 본다.

부의 미래를 창조하는 혁신

세계적으로 부자가 된 기업들의 특징은 미래 산업과 트렌드를 읽고 대안을 세우는 능력이 뛰어났다. 그들은 미래 불확실성 속에 숨은 흐름을 감지해 행동을 취했다. 앞으로의 세상은 날카로운 예지력을 갖춘 지성인들이 더 많은 기회를 누릴 것이다. 내가 이 책을 쓴 동기 역시도 사람들이 미래의 흐름을 꿰뚫어 보는 안목을 갖도록 돕기 위해서다.

중국 삼국시대의 역사서 〈삼국지三國志〉에 등장하는 난세의 영웅 '조조'와 불세출의 천재 '제갈량'의 공통점이 무엇인지 아는가? 바로 한 수 앞을 읽는 초예지력이 뛰어났다는 것이다. 그들은 항상 미래 상황을 예지하는 통찰력을 두고 싸웠다.

자본주의의 특징 역시 미래의 여러 흐름을 날카로운 눈으로 읽고 내안을 세워 앞으로 치고 나아가는 힘과 연관이 있다. 자본주의 사회에서는 호황과 불황이 반복되며 수시로 변화가 일어난다. 그래서 미래의 흐름을 읽지 못하는 사람들에게는 무시무시한 어려움이 다가올 수도 있다. 불황이 와도 미래를 예측하고 사전에 대안을 세워두면 좋은 성과를 낼 수 있다. 다양한 예지력과 분석력, 통찰력을 통해서 나은 미래를 준비할 수 있다.

중국 인터넷 기업 텐센트Tencent가 세계적인 기업으로 성장한 요인은 긍정적 마인드와 호기심에 있었다. 기술 환경 변화에 유연하게 대응했고, 상황에 맞는 협업을 중시했다. 27세에 텐센트를 창업한 마화텅馬化騰, 1971~은 모방을 통해 창조의 혁신을 일으켰고, 철저한 시장 분석을 통해 텐센트를 최적화된 서비스를 제공하는 회사로 발전시켰다.

중국 전자상거래 금융 시장의 부동의 1위 기업가 마윈馬雲, 1964~도 특정한 영역에 머물지 않고 기술과 사회 환경 변화에 적응해 끊임없이 새로운 사업 영역을 개척했다. 다음 문장은 '마윈'식의 기업가정신을 보여준다.

> "조건과 환경이 유리해지기를 기다리는 게 아니라 스스로 창조해 가는 것이다."

마윈의 은퇴를 앞두고 많은 사람이 그에게 성공한 비결을 묻자, 광인狂人이라는 별명을 가진 마윈이 아낌없이 답했다.

> "수많은 실패가 없었더라면 우리의 지금은 없었을 것이다. 나와 타인의 실패 원인을 배웠기 때문에 가능했다. 그런 실패를 똑같이 해서는 안 되므로 규칙을 만들었다. 창업가는 타인의 실패를 통해 배운다."

> "나는 틀에 박힌 비즈니스 플랜에 얽매이기보다 끊임없이 변화를 도모했다. 그리고 자신의 강점과 미래에 대한 비전이 있어야 한다."

> "그 무엇보다 중요한 것은 가장 좋아하는 일을 해야 한다는 것이다. 열정적으로 즐겁고 좋아하는 일을 하게 된다면 거기에서 '혁신'이 탄생한다."
> – 마윈의 은퇴 연설 중

꿈을 품은 위대한 문명인

동서고금을 막론하고 짧은 시간에 인류 역사상 가장 광대한 영토를 정복했던 나라는 어디일까?

답은 몽골 제국이다. 먹을 것을 찾아 초원을 헤매고 다니던 보잘것없던 일개 유목민 부족의 리더였던 테무친鐵木眞, 1162~1227, 칭기즈칸이 그 주인공이다.

테무친은 칭기즈칸의 어릴 적 이름이다. 그는 몽골의 작은 마을에서 태어났다. 얼마나 가난하고 열악한 환경에서 자랐는지, 자기 이름 쓰는 법도 배우지 못했다. 그가 9살 때 그의 아버지가 독살로 죽자, 그와 가족들은 부족에게도 버림받았다. 그는 겨우 목숨만 유지하는 수준으로 힘든 어린 시절을 보냈고, 27살이 되어서야 '하늘의 아들'이라는 뜻을 가진 '칭기즈칸'이라는 칭호를 얻었다. 그러나 고원 부족의 족장인 옹칸의 계략으로 겨우 19명의 부하들과 함께 도망치고, 그들과 피의 언약을 다짐한다.

"만일 내가 이 사람들을 잊어버린다면 흙탕물처럼 되게 하소서."

고통의 시간을 보낸 뒤 칭기즈칸은 최초의 동서통일 제국인 몽골을 세운다. 세계를 정복하고 탕구트 원정을 떠난 1227년에 세상을 떠났는데, 그의 나이 65세였다.

칭기즈칸 군대가 세계를 정복할 수 있었던 이유는, 그의 유목민적 리더십 전략이 빛을 발했기 때문이라는 평가가 많다. 그는 모든 구성원이 가슴에 꿈과 비전을 품도록 했고, 같은 꿈을 꾸도록 했다.

현대사회적 관점에서 칭기즈칸의 성공 전략을 분석하면 그는 크게 리더십, 스피드, 네트워크와 개방성, 기술, 경영체제 등을 중요하게 활용했다. 또 전투에 참여한 각 개인의 몸에는 어릴 때부터 밴 전략과 전술 구사 능력이 있어서 이것이 실제 전투에서 활용되었다.

〈칭기즈칸의 명언〉

집안이 나쁘다고 탓하지 말라.
나는 아홉 살 때 아버지를 잃고 마을에서 쫓겨났다.

가난하다고 말하지 말라.
나는 들쥐를 잡아먹으며 연명했고 목숨을 건 전쟁이 내 직업이고 내 일이었다.

작은 나라에서 태어났다고 말하지 말라.
그림자 말고는 친구도 없고 병사로만 10만,
백성은 어린애, 노인까지 합쳐 2백만도 되지 않았다.

배운 게 없다고 힘이 없다고 탓하지 말라.
나는 내 이름도 쓸 줄 몰랐으나 남의 말에 귀 기울이며 현명해지는 법을 배웠다.

너무 막막하다고, 그래서 포기해야겠다고 말하지 말라.

나는 목에 칼을 쓰고도 탈출했고, 뺨에 화살을 맞고 죽었다 살아나기도 했다.

적은 밖에 있는 것이 아니라 내 안에 있었다.

나는 내게 거추장스러운 것은 깡그리 쓸어버렸다.

나를 극복하자 나는 칭기즈칸이 되었다.

인내 후 폭발적으로 증가하는 힘

한 사회의 문명이나 인류의 발전은 직선이 아니라 곡선 그래프를 그린다. 거대한 부를 일구어 낸 사람들의 인생 그래프 역시 그렇다. 미국의 과학철학자 토마스 쿤Thomas Kuhn, 1922~1966은 책 〈과학혁명의 구조〉에서 인류의 과학문명은 직선을 그리듯이 점진적으로 발전해 온 것이 아니라 곡선처럼 혁명적으로 발전했다고 말했다. 믿는 것을 우직하게 행하다 보면 어느 순간 갑자기 큰 영향을 초래할 수 있는 상태에 달한다. 앞서 소개한 '티핑 포인트'다.

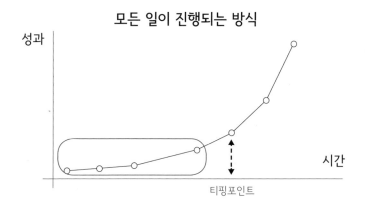

모든 일이 진행되는 방식

* 티핑 포인트: 어떠한 현상이 서서히 진행되다가 특정 요인으로 한순간 폭발하는 것. 한마디로 '균형을 깨뜨리는 점'이다.

부자들의 재산 형성 그래프, 한 기업의 발전상, 성공한 사람의 성장세, 한 사회의 발전사 역시 위처럼 곡선 그래프의 모습으로 그려진다. 처음에는 조금씩 늘어나다 작은 변화들이 어느 정도 기간을 두고 쌓여, 어느 순간에 이르러서는 폭발적으로 수직 곡선을 나타내며 증가한다. 티핑Tipping이란 '균형을 깨뜨린다'는 의미다. '티핑 포인트'는 평행상태가 깨지면서 그간 쌓인 힘이 걷잡을 수 없이 폭발하는 순간이다.

아무리 전략적으로 일을 잘한다고 해도 처음에는 큰 성과 없이 진행되기 마련이다. 그러다 한순간 탄력을 받으면 매우 빠르게 성장하기 시작한다. 모든 일의 성과는 매 순간 거듭 준비하고 노력한 결과의 산물이다.

💰 "돈이 되는 금융경제 공부습관"

» **꼭 실천해야 할 지침**
....

칭기즈칸 명언 필사하기

칭기즈칸은 겨우 20만의 기마군단으로 역사상 가장 거대한 제국을 다스렸다. 몽골의 오지에서 태어났지만, 꿈을 갖지 못한 많은 사람들이 자신의 환경을 넘어서는 꿈을 갖도록 했다. 그의 명언을 필사해 보자.

◎ "적은 밖에 있는 것이 아니라, 바로 내 안에 있었다."

_____

◎ "한 사람의 꿈은 꿈이지만, 만인이 꿈꾸면 현실이 된다."

_____

◎ "할 수 없는 일이 있는 것이 아니라 '할 수 없다'는 마음이 그 길을 가로막고 있을 뿐이다."

_____

_____

관계의 기술과 유대인의 성공 비결

"너희는 무엇이든지, 남에게 대접을 받고자 하는 대로,
너희도 남을 대접하여라.
이것이 율법과 예언서의 본뜻이다."

- 마태복음 7장 12절

돈 버는 황금인맥

말은 안 해도 많은 사람이 공통적으로 가슴에 품고 사는 꿈이 바로 많은 돈을 벌어 부자가 되는 것이다. 공부는 모르는 것을 배움을 통해 습득하는 것이고, 부자가 되는 법은 돈 버는 법을 찾아내는 능력을 배우는 것이다. 나 역시 일찍이 돈을 버는 방법을 알아내기로 결심했고, 돈이 돈을 버는 법을 찾아내 이제는 그 돈 버는 시스템을 강의하고 있다.

미국에서 남북전쟁 중에 또 다른 전쟁이 벌어졌다는 사실을 아는가?

이는 '황금 기름'이라 불리는 석유 전쟁이었다. 그렇다면 석유로 가장 많은 돈을 번 부자는 누구일까?

그는 시카고대학을 설립했으며, 석유 사업으로 많은 재산을 모아 미국 역사상 최고 부자로 꼽히는 인물, 바로 석유 왕으로 불리는 존 록펠러John Rocke feller, 1839~1937다.

사람들은 20세기 최고 부자 존 록펠러에게 수시로 세계 최고가 된 부의 비밀을 물었다. 그는 답했다.

> "나는 이 세상에 존재하는 그 어떤 능력보다도 사람을 상대하는 능력에 가장 많은 대가를 치렀다."

이는 다른 사람과 관계를 잘 맺는 황금인맥의 중요성을 의미한다. 사람은 관계를 떠나서는 아무것도 할 수 없는 사회적 존재다. 부는 사람과 사람의 관계에서 파생된다. 황금인맥은 재산을 늘리는 가장 빠른 비결이다.

아무리 돈이 많아도 신뢰가 깨지면 곧바로 관계가 멀어지는 것도 같은 이유다. 가진 지식과 기술이 훌륭해도 인간관계를 맺는 능력을 갖추지 못하면 자신이 속한 조직이나 공동체에서 두각을 드러내지 못하고 영향력이 줄어든다. 인간관계의 어려움은 수직적이고 일방적인 관계에서 발생한다. 사람과의 관계에 서투르면 자연히 성공이 멀어진다. 한 사람의 평판은 부와 직결된다. 현대사회에서 부를 누리려면 더욱 좋은 평판을 얻어야 한다.

좋은 사람을 만나는 일도 참 중요하지만, 더욱 중요한 것은 그 좋은 사람과 좋은 관계를 지속적으로 유지하는 관계의 기술을 터득하는 것이다. 우리는 작은 인연에도 주의를 기울이는 태도를 개발해야 한다. 좋은 관계 형성은 하루아침에 배워 익힐 수 있는 것이 아니다. 비록 시간이 오래 걸릴지라도 관계의 속성과 사람을 대하는 기술을 배워야 좋은 관계를 지속적으로 유지할 수 있다.

좋은 평판을 얻은 사람들은 언제 어디서나 올바른 행동이 자연스럽게 우러나도록 좋은 습관부터 만들려고 노력했다. 그들이 취하는 태도는 스스로에게도 타인에게도 강요한 것이 아니었기 때문에 자연스럽게 자신을 계발하고 유지하는 원동력이 됐고, 좋은 평판으로 변모했다.

섬세한 관계의 기술

부단히 채굴하여 쌓고 노력하여 얻은 관계의 기술은 부를 부르는 마력으로 작용한다. 사람을 대할 때는 진실하고 진지하며 섬세해야 한다. 나아가 말하고 행동할 때 경청을 기본으로 하며, 따뜻하게 터치할 줄도 알아야 한다. 이러한 태도가 성공하는 지혜다.

지혜의 왕 솔로몬이 인생을 살아보고 깨달은 후에 기록한 구약 성경 전도서 10장 10절을 보면 이런 말씀이 있다.

> "도끼가 무딘데도 그 날을 갈지 않고 쓰면 힘이 더 든다. 그러나 지혜는 사람을 성공하도록 돕는다." (새번역)

여기서 '지혜'는 '기술skill'을 의미한다. 그래서 세계적으로 유명한 유대인이자 독일계 미국인인 에리히 프롬Erich Fromm, 1900~1980이 쓴 〈사랑의 기술〉을 보면 '사랑은 우연히 생기는 것이 아니라 배우고 실천하고 갈고 닦아야 하는 기술'임을 강조한다.

에리히 프롬[1]

---

1   이미지 출처: 위키백과 사전

요즘 사람들은 속으로는 사랑을 갈망하면서도 겉으로는 돈과 명예를 더 추구한다. 섬세한 사랑의 기술은 배우려고도 하지 않는다. 종종 사랑이 그저 특별한 배움과 노력 없이도 때가 되면 찾아오고, 누구나 다 기회가 오면 잘 다룰 수 있는 감정인 것처럼 생각한다. 그러나 에리히 프롬은 사랑도 평생 배워 실천해야 하는 기술이라고 말했다.

부를 이루는 삶도, 사랑을 실천하는 친밀한 관계의 기술에서 만들어진다. 사람들이 가난해지는 것은 친밀한 관계를 맺는 기술이 결여되었기 때문이다. 앞으로의 세상은 돈이 없어서 빈곤한 것이 아니라, 관계의 결핍이 더욱 큰 빈곤을 만드는 세상이 될 것이다. 성경에서 '황금률'이라 불리는 마태복음 7장 12절 말씀을 봐도 "무엇이든지 남에게 대접을 받고자 하는 대로 너희도 남을 대접하라"라고 말한다.

이 말씀에 따라 산다면 분명 황금인맥의 관계를 맺게 될 것이다.

성공은 자신의 능력만이 아닌 주변의 인맥에서 만들어진다는 것을 잊지 말자. 진짜 좋은 인맥을 얻으면 부는 자동으로 따라붙는다.

그래서 나는 짧은 당부의 메시지를 전하고 싶다.

"사랑하는 여러분!

가장 위대한 사람은 인간관계를 잘하는 사람입니다.

관계를 잘해야 좋은 사람도 만나고 삶도 행복하고 풍성해집니다.

그러니 관계를 잘 맺는 기술을 우선적으로 터득하십시오.

관계의 기술을 일찍부터 배우고 습득하여 언제든 가르쳐 줄 수 있어야 합니다.

아무리 재능이 특출하고 똑똑하다고 해도, 인간관계의 기술이 서투르면 머지않은 날 어려움을 겪을 수 있습니다. 무엇보다 자신의 재능과 실력을 빛내기 위해서는, 부의 계단을 오르기 위해서는 관계의 기술을 터득해야 합니다."

똑똑한 대大카토 이야기

우리 민족은 저력이 있는 민족이다. 6.25전쟁의 잿더미와 IMF의 가난 속에서 맨손으로 시작한 경제가 세계경제 10위에 진입했다. 무無에서 유有를 창조했다. 특히 인터넷과 IT기술은 세계 최강이다.

이스라엘의 역사학자 유발 하라리Yuval Noah Harari, 1976~는 "21세기는 데이터가 세계에서 가장 중요한 자산으로 부상할 것"이라고 말했다. 그만큼 앞으로 부의 창출력은 새로운 창작물과 창의성의 깊이가 결정할 것이다. 창의성을 장려하는 것이 부강한 국가로 나아가는 길이다. 그러려면 필히 시야를 넓히고, 뉴 패러다임을 갖춰야 한다. 더해 누누이 강조하지만, 경제를 아는 것은 부를 논할 때 기본 바탕이어야 한다.

- 탁월한 농업경영 정책

'대大카토'라 불리는 마르쿠스 포르키우스 카토Marcus Porcius Cato, B.C. 234~149는 로마 공화국의 전성기에 로마의 정치가이자 군인, 작가였다. 그는 농업의 중요성을 강조했고, 농업서를 집필했다. 재무관, 법무관, 원로원, 집정관을 거쳐 감찰관을 고루

로마의 똑똑한 정치가 대카토

지냈다. 자기 노예의 딸이었던 살로니아를 자유민으로 풀어주고 그녀와 재혼한 것으로도 유명하다. 또한 근검절약이 몸에 밴 사람이었다.

당시 로마 정치인에게 사업 투자가 금지였음에도 그는 슬기로운 투자로 많은 돈을 벌었고, 약 7만 6천 평에 달하는 큰 포도와 올리브 농장을 운영했다. 카토가 저술한 〈농업에 관하여B.C. 160〉는 현존하는 라틴 문학 중 가장 오래된 산문이기도 하다. 주로 고대 로마 농업을 다루는데, 당시 소유한 토지에서 곡식, 채소, 포도, 올리브 등을 재배했다. 농장 일은 대부분 수십 명의 노예와 자유민이 하였고, 필요한 경우 하청도 주었다. 대카토는 농업 경영에 탁월했다. 당시 포도 농사는 현금화할 수 있는 화폐와 같았다.

농업론은 '어떤 작물을 어떻게 심어야 최대의 이익을 얻을 수 있는가?', '어떻게 토지를 경영해야 큰 이득을 얻을 것인가?'에 닿아 있었다. 카토는 앞서 말한 〈농업론〉에서 키우는 작물과 관련한 의학적 치유 방안들을 제시했다. 변비에 도움을 주는 천연 완화제하제의 일종으로 변을 부드럽게 하며 배설시키는 약제로 포도주를 소개했는데 내용은 아래와 같다.

〈변비에 도움을 주는 천연 완하제 식품〉

- 사과와 체리, 바나나

- 질경이, 양파

- 포도와 아마 씨 주스

- 올리브 오일

- 그리고 대장 운동에 좋은 자연적 생활 활동(걷기)

대카토의 〈농업론〉에는 통풍을 치료하는 법도 소개된다. 놀랍게도 그가 제시한 만병통치약은 우리가 일상에서 매일 먹는 양배추였다. 양배추가 하제 역할을 하여 소화불량을 막고 장을 달래며 이뇨 작용을 돕는다고 보았다. 카토는 열과 위장 장애의 치료법으로 양배추와 와인과 같은 농산물을 기반으로 한 치료법을 권장했다. 그리고 농장 일꾼에게 매일 음료로 가장 젊고 신맛이 강한 포도주를 많이 마시게 했다.

아래 그림은 16세기 중반, 악어의 똥을 수집하느라 분주한 그리스 의학자들의 모습과 이를 거부하고 악어로부터 도망치는 카토의 모습이다. 당시 이러한 치료법에 대한 혐오가 담긴 시대적 그림이다.

1555년, 대영 박물관 소장

카토가 권장했던 치료법, 카토 와인

- 탁월한 군인 감각

대카토는 또 반反 카르타고 정책을 펼쳤는데, 제2차 포에니 전쟁B.C. 218~202에서 전공을 올려 지위를 얻기도 했다.

참고로 제1차 포에니 전쟁B.C. 264~241은 지중해의 상권을 둘러싸고 해운국이었던 카르타고와 로마 공화국 사이의 이권 분쟁에서 비롯된 전쟁이었다. 여기서 카르타고의 대표 장군인 한니발의 아버지, 하밀카르 바르카가 승리를 거머쥔다. 제2차 포에니 전쟁은 한니발의 전쟁으로, 한니발이 코끼리 부대를 이끌고 알프스를 넘어 이탈리아로 진군하여 승리하였다.

제3차 포에니 전쟁B.C. 149~146은 대카토가 선동하여 발발했다. 이때, 로마가 카르타고를 멸망시킨다. 카르타고 사람들이 상업을 포기하라는 의미였다. 당시 카르타고의 제품 중 시장에서 경쟁력을 갖춘 제품은 자주색으로 염색 가공한 직물이었는데, 세계 전역에서 호평을 받았다.

이렇듯 카토는 지칠 줄 모르는 근면성과 기민함이라는 명성에 걸맞게 행동했다. 그의 움직임은 대담하고 빠르며 항상 승리를 추구했다.

유대인 특유의 성공 비결

〈혼불〉의 작가 최명희는 글쓰기를 두고 "손가락으로 바위를 뚫어새기는 것"이라 말했다. 나는 일찍이 이 말에 큰 깨달음을 얻어 무언가를 학습할 때면 읽고, 쓰고, 나눈다. 매일매일 쓰고 적는 것을 무척 중요시한다.

유대인들은 고난과 역경의 역사를 거치면서 움직이는 삶과 종교를 수행하는 것으로 모습을 탈바꿈했다. '디아스포라diaspora'라는 말은 '분산'이라는 뜻으로, 고향을 떠나 세계 각지에 흩어져 살면서 종교적 규범과 생활 관습을 유지하는 유대인들에게서 비롯됐다.

과거 유대인들은 정착지에서 해상교역을 주도하였고, 상업을 석권하였다. 그들이 거대한 상인이 될 수 있었던 이유는 정보와 관찰을 기록하는 그들만의 습관에 있었다. 거래 상황과 시세를 수시로 꼼꼼하게 기록하여 일주일에 서너 통의 글을 동료나 랍비에게 보내야만 했던 것이다.[2]

유대인은 관계한 것들을 기록하고 적기에 능한 민족이었다. 모르면 배우고 익혔다. 그래서인지 뛰어난 시인, 문필가, 경제인, 철학자, 국제상인, 금융가, 정치가, 군인 등 거의 모든 분야에서 유대인들의 업적은 특출했다. 예로 역대 노벨상 수상자의 23%가 유대인이고, 미국 유명대학 교수의 30%가 유대인이다.

---

2 〈유대인 이야기〉, 홍익희, 행성:B, 2013

유대인 부의 비밀

초기 유대인들이 해상교역을 하던 지역에는 도시들이 생겨났고, 어음을 결제수단으로 사용했다. 이는 일찍이 신용거래가 시작되었다는 의미다. 이때부터 이미 유대인들은 계약을 생명처럼 소중히 여겼다. 당시 유대인들은 해상교역뿐만 아니라 환전업, 대부업, 전당업 등 요즘 말로 금융산업 모두를 쥐고 있었다. 세계금융, 정치, 사회, 경제, 문화, 예술 등 모든 분야를 막론하고 그들의 영향력은 확대되고 있다.

그렇다면 쓰기 외에 유대인의 성공 비결은 무엇이었을까?

많은 요인 중에서도 그들은 근검절약하며 저축하였고, 어떠한 경우에도 게으름 피우지 않고 성실한 자세로 삶에 임했다. 또한 일찍부터 경제 습관을 익혀 생활했다. 새로운 것을 얻고자 끊임없이 도전했고, 지혜를 쌓는 일에 열중했다. 유대인 격언에 "인생에 있어 아버지보다 교사가 더 중요하다"라는 말이 있을 정도로 배움을 중요하게 여겼다.

무엇보다 유대인들은 일찍이 다음의 세 가지 정신을 몸에 배게 해 실천하였다. 이는 그들을 부유한 민족으로 만든 절대적인 정신이 되었다.

〈유대인의 세 가지 정신〉

– 첫째, '다브카(Davca)' 정신:

이는 '그럼에도 불구하고'라는 뜻의 히브리어로 실패를 두려워하지 않는 창업

정신을 뜻한다. 그들은 어떤 상황에서도 굴복하지 않고 다시 일어나 도전한다.

– 둘째, '후츠파(Chutzpah)' 정신:

이는 히브리어로 '뻔뻔함, 담대함, 저돌성, 무례함' 등을 뜻한다. 즉 '용기, 배포, 도전정신' 따위를 뜻하는 용어. 끊임없이 질문하고 도전하며 당당하게 자신의 주장을 펼치는 정신이다.

– 셋째, '티쿤 올람(Tikkun Olam)' 정신:

히브리어로 티쿤은 '고친다'는 뜻이고, 올람은 '세상'이라는 뜻이다. '세상을 좋은 곳으로 바꾼다, 번영케 한다'는 뜻이다. 문제 속에서도 비전을 발견하는 정신이다.

즉, 나 혼자 잘 살기 위해서보다 지금보다 더 나은 세상을 함께 만들어 가야 할 책임이 우리에게 있다는 인식과 자세가 필요하다. 위기와 문제를 어떻게 피할까가 아닌 어떻게 창의적으로 대응할 것인가로 맞서야 한다. 두려워하기보다는 배짱과 자신감으로 맞서야 한다. 사전에 철저히 준비한 자에게는 그 무엇도 당할 수가 없다.

미래를 잇는 인내

유대인 탈무드에 나오는 이야기를 살펴보자.

한 나라를 다스리는 왕이 있었다. 하루는 왕의 아들이 다쳐서 집으로 돌아왔다. 왕은 아들의 상처를 붕대로 감싸면서 이렇게 말했다.

> "아들아, 이 붕대를 꼭 감고 있거라. 비록 움직이기 불편하겠지만 붕대를 감고 있는 동안은 상처가 벌어지지 않고 잘 아물 것이며 통증도 많이 느끼지 않을 것이다. 그러나 다 낫기 전에 불편하다고 붕대를 풀어버리면 상처는 더 심해진다."

우리가 삶을 살아갈 때 다소 불편한 것들이 있기 마련이다. 하지만 무엇이든 다 아물고 능숙해질 때까지는 꼭 참고 붕대를 감고 있어야 한다. 만약 삶의 기준과 행해야 할 지침들이 있다면 그것이 붕대처럼 상처들을 아물게 해준다. 삶의 지혜와 경제 기술이 되어줄 것이다.

탈무드에는 아담의 빵에 관한 이야기도 나온다. 지금은 돈만 있으면 빵을 쉽게 사 먹을 수 있지만 인류 최초 인간이던 아담은 빵 하나를 만들어 먹기 위해 얼마나 많은 일을 해야 했던가?

그는 먼저 밭을 갈고, 땅을 고르고, 씨앗을 뿌리고, 물을 주며 곡식을 키웠다. 시간이 지나 잡초를 뽑고, 물을 대고, 곡식을 거두어 들였다. 익은 곡식을 빻아서 가루로 만들고, 반죽하고, 굽는 등의 과정도 거쳤다. 그제야 한 끼니의 빵을 먹을 수 있었다.

공자의 〈논어〉 제1편 '학이편'의 첫 문장은 "배우고 때로 익히니 기쁘지 아니한가?"이다. 배움이야말로 인간 삶의 기본 조건이고, 그 자체이다.
그렇기 때문에 일생을 통해 끊임없이 배우고 익히며 살라고 강조한다.
철강 왕 앤드루 카네기는 바쁜 사업가로서의 삶을 살면서도 틈틈이 도서관에서 책을 읽고 독학하여 8권의 책을 남겼다. 저서 〈부의 복음〉에서 그가 남긴 말이다.

"인생의 3분의 1은 배움에, 3분의 1은 돈 버는 일에, 3분의 1은 가치 있는 대의에 써라."

"돈이 되는 금융경제 공부습관"

» 유대인 문화 이해하기

디아스포라

'디아스포라Diaspora'는 그리스어 전치사 'dia~를 넘어서'와 동사 'speiro씨를 뿌리다'에서 유래한 것으로 '이산離散'을 뜻한다. 팔레스타인을 떠나 세계 각지에 흩어져 살면서 유대교의 규범과 생활 관습을 유지하는 유대인을 지칭한다. 성경에서 디아스포라가 처음으로 언급되는 부분은 신명기 28장 25절이다. "그대가 이 땅의 모든 왕국에 흩어지고."

테필린

'테필린Tefillin'은 성경 암송을 위해 성경 구절을 적은 종이를 상자에 담은 것을 말한다. 손목에 가죽 끈으로 매거나 미간에 띠로 감는 작은 상자이다. 왼쪽 손목에 테필린을 대고 가죽 끈으로 팔을 일곱 번 감는다. 신의 말씀을 머리와 가슴 가까이 두고 항상 마음에 새기려는 행위다.

메주자

'메주자Mezuzah'는 유대인의 집 출입구 문에 달아놓은 성경 구절을 담은 상자나 통이다. 문을 드나들 때마다 만지고 입을 맞춘다. 늘 율법을 기억하려는 행위이며, 안에는 신명기 6장 4~9절 말씀이 들어 있다.

쉐마

'쉐마Shema'는 유대인 자녀들이 부모로부터 가장 먼저 배우는 말이다. 신명기 6장 4절 초입에 있는 히브리어로 "들으라"는 말이다. 유대인들은 매일 아침과 저녁으로 신명기 6장 4~9절 말씀쉐마를 암송하는 의식을 행한다.

» **탈무드 이해하기**
   ·················

'탈무드Talmud'는 율법서 토라Torah에 대한 해설을 담은 책이다. 토라는 히브리 성경의 첫 번째 부분인 '모세 오경Pentateuch'을 의미한다. 613 계명을 처음으로 언급한 A.D. 3세기경 유대인 랍비 심라이Simlai는 토라의 모든 계명을 분류하여 '~을 하라'라는 명령 248개와 '~을 하지 말라'라는 명령 365개, 총 613개의 계명을 정리하였다. 그중 몇 가지는 아래와 같다.

- 이웃을 내 몸같이 사랑해야 한다.
- 노인을 공경하라.
- 탐식과 술 취하는 것을 금하라.
- 추수할 때에는 이삭을 모두 줍지 말라.
- 사업을 위해 사람을 속이지 말라.
- 유대인을 부끄럽게 하지 말라.

한 걸음 한 걸음
걸어가기

경쟁적 개인주의 시대에 느슨한 부의 인문학 이야기를 나눌 수 있어 진심으로 행복했습니다. 이 책을 준비했던 동기는 가졌다 하여 승자독식의 형태가 아니라 모든 사람이 승자가 되는 방식을 제시하고자 함이었습니다. 즉 '나도 살고 너도 사는' 삶의 방식입니다.

맺는말을 쓰면서 카를 마르크스Karl Heinrich Marx, 1818~1883의 유명한 묘비명이 생각납니다. 그는 이 말로 자신의 인생을 변명하고자 했다고 합니다.

> "철학자들은 오직 세상을 해석하기만 했다. 하지만 정말 중요한 것은 이 세상을 변화시키는 것이다."

진정으로 변화하겠다는 의욕이란 개개인이 하루하루 해야 할 일을 열심히 하며 살아나가는 것입니다. 변화를 준비하지 못하면 반드시 무너지게 되어 있습니다. 중국 속담에 이런 말이 있습니다.

"행복은 할 일이 있는 것, 바라볼 희망이 있는 것, 사랑할 사람이 있는 것. 이 세 가지다."

이제 맺으면서 자기 자신에게도 많이 투자하라고 당부하고 싶습니다.

돈이 들어오려면 담을 그릇이 커야 합니다. 저는 젊은이들에게 "돈을 모으는 것에만 너무 신경 쓰지 말고 자기 그릇을 넓히는 것에 투자하라"고, "자신에게도 집중 투자하라"고 말해주렵니다. 자신에 대한 투자는 곧 성공을 위한 필요조건이기 때문입니다. 그래야 고객도 자신에게 투자를 합니다.

요즘 들어 부자가 되고 싶다는 젊은이들이 급격하게 늘어났습니다.

저에게 있어 진정한 성공이란 긴 여정을 한 걸음 한 걸음 걸어가는 것입니다. 최소 10년은 내다보고 중도에 포기하지 않고 앞으로 힘차게 계속 걸어갑니다. 그럼 10년 뒤에는 정말로 부자가 될 수 있습니다.

저는 이만 물러가겠습니다. 오랫동안 저의 서툰 이야기를 읽어주셔서 진심으로 감사합니다. 여러분 모두에게도 좋은 일이 가득하기를 바랍니다.